青少年成长教育读本

传统美德教育读本

贾宇墨 ◆ 编著

吉林人民出版社

图书在版编目（CIP）数据

传统美德教育读本 / 贾宇墨编著. —— 长春 : 吉林
人民出版社, 2012.5
　（青少年成长教育读本）
　ISBN 978-7-206-09036-3

　Ⅰ.①传… Ⅱ.①贾… Ⅲ.①品德教育 – 中国 – 青年
读物②品德教育 – 中国 – 少年读物 Ⅳ.①D432.62

　中国版本图书馆 CIP 数据核字(2012)第 112264 号

传统美德教育读本

CHUANTONG MEIDE JIAOYU DUBEN

编　　著 : 贾宇墨
责任编辑 : 郭雪飞　　　　　　　　封面设计 : 七　洱
吉林人民出版社出版 发行(长春市人民大街7548号　邮政编码 : 130022)
印　　刷 : 北京市一鑫印务有限公司
开　　本 : 670mm×950mm　　1/16
印　　张 : 10　　　　　　　　　　字　　数 : 70千字
标准书号 : 978-7-206-09036-3
版　　次 : 2012年7月第1版　　　　印　　次 : 2023年6月第3次印刷
定　　价 : 35.00元

目 录

奉献一生 先人后己

宽厚善良 礼貌待人

先天下之忧而忧，后天下之乐而乐

人生立志，自强不息

刚正不阿　无私奉献

信守言诺　说到做到

修身立德　实现价值

明辨是非　坚持正义

奉献一生　先人后己

引　言

见利思义，指的是见到好处、利益首先要考虑是否符合道德、行为的准则或公认的道理，切不可忘记道义和正义。在今天看来，就要符合共产主义的道德标准，大公无私，不能为一已之利去蝇营狗苟。先人后己，就是指一事当前先替他人着想、名利面前不伸手。见利思义，先人后己，自古至今被视为做人的基本原则之一，是中华美德之一。一个人只有做到见利恩义，先人后己，才能成为一个脱离了低级趣味的人，一个有益于人民的人。

在我国五千年光辉灿烂的历史长河中，一直把见利思义，先人后己视为道德伦理的基础。在这方面他们有许多精辟的论述。孔子说："见利思义，见危授命，久要不忘平生之言。"意思是说要把道义看得比生命更重要，把拯救国家于危难中看得比生命更重要并坚持节操。孔子认为，粗茶淡饭，用胳膊当枕头，只要不失去"义"，过艰苦的生活也自有乐趣。他还说："不义而富且贵，于我如浮云"。充分表现了他重义轻富贵的思想。这句话也是对用不正当手段捞取功名富贵的人一个有力的讽刺。孟子说："生，亦我所欲也；义，亦我所欲也。二者不可得兼，舍生取义者也。"这句话以生衬义，深刻说义重于生的道理。范仲淹说的"先天下之忧而忧，后天下之乐而乐"至理名言，至今传诵不衰。见利思义，先人后己这一美德是一种强大的历史驱动力，奠定了中华民族文明的坚实基础，在漫长的历史中，人们传诵着许多这方面的故事。例如瘦羊博士甄宇，让梨的孔融，不夺他人之功的欧阳修……在众多的见利思义，先人后己的故事中，有的人作风正派，容不得半点的一己之利，不沾别人的半点便宜；有的人不贪他人之功；有的人则"有功则以后之"；有的人患难与共，舍生救人。

他们为人处世都把"义"置于首位，都先考虑别人。这一传统美德对于促进世世代代的精神文明起到积极的作用。

古人提倡的"见利思义，先人后己"这一美德，影响、陶冶着中国一代又一代人们的心灵。随着时代的发展，这一美德从古到今得以发扬光大。其主要特征是：古义狭义的"义"，在今天已被熔炼升华为以天下为己任，公正廉洁，克己奉公，毫不利己，专门利人，全心全意为人民服务。把为人民服务看成是永无止境的，并寻找一切机会为人民服务，在为人民服务中实现人生价值。毛泽东同志在五十多年前为我们树立了白求恩这个毫无自私自利之心的光辉典范，号召人们向白求恩学习，与此同时，批评了"一事当前，先替自己打算，然后再替别人打算"的一部分人。无产阶级革命家方志敏烈士，1935年因叛徒出卖被捕入狱。在狱中，敌人曾以金钱美女收买他，但他没有忘记正义的事业，没有动摇变节，他在狱中遗著《可爱的中国》一文中写道："假使能使中国民族得到解放，那我又何惜于我一条蚁命。"陈毅同志在革命成功后谆谆告诫人们不要见利忘义。他以"我要为众人，营私以为羞，明志，又经"手莫伸，伸手必被捉，党与人民在监督，众目睽睽难逃脱"来告诫见利忘义的人，在任何情况下都不要去干违背人民利益的事。从老一辈无产阶级革命家的言行中可以看到，他们身为领袖、领导，能心怀天下，"铁肩担道义"尽心为公，为国为民服务，为革命能舍弃自己的一切。

老一辈无产阶级革命家对年轻的一代既言传又身教。他们在物质面前不伸手，遇事总是先想到党的事业，想到国家、人民和革命同志。刘少奇、周恩来、吴运铎、孙毅民同志等始终把人民的利益看得高于一切，一切从人民利益出发，一刻也不脱离群众。他们想人民之所想，急人民之所急，在个人利益和人民利益发生矛盾时，做到个人利益服从人民利益，全心全意为人民服务。

见利思义，先人后己这一千古赞颂的美德，树立了中华民族屹立于世界民族之林的光辉形象。老一辈无产阶级革命家和许许多多英雄模范的革命业绩所体现的大公无私，不求名利，先人后己、助人为乐，胸怀坦荡的崇高思想品德更闪耀着社会主义精神文明的光芒，尤其值得我们继承、学习和发扬。

我们继承和发扬见利思义，先人后己这一传统美德，首先要树立全心全意为人民的思想。每个人都要自觉地用先公后私，先人后己的精神去处理公与私、个人与国家、个人与他人的关系。树立正确的人生目的，把振兴中华，建设有中国特色的社会主义社会，最终实现共产主义为己任。在当前经济改革、培育社会主义市场经济的大潮中，在社会主义初级阶段中，警惕"拜金主义"死灰复燃。清除"金钱万能"的剥削阶级思想影响，逐步使自己达到"大公无私"的境界，做一个纯洁的人，高尚的人，有益于人民的人。

孔融让梨　孝顺礼貌

孔融，字文举。山东曲阜人，孔子的二十世孙。他聪明好学，才华出众，在文学上成就显著，一生中写过许多散文和诗歌，被誉为"建安七子"之一。

孔融有五个哥哥，一个弟弟。他从小就和兄弟和睦相处，事事谦让。

孔融4岁时，有一次大家在一块吃梨，哥哥让孔融先拿。他不挑好的，也不拣大的，只拿了一个最小的。他爸爸看见了很高兴，就问孔融："这么多梨，你哥哥让你先拿，你为什么不拿大的，只拿一个最小的呢？"

孔融回答说："我年纪小，应该拿个最小的，大的留给哥哥吃。"

他爸爸又问他："你还有个弟弟哩，弟弟比你不是还要小吗？"孔融说："我比弟弟大，我是哥哥，我应该把大的留给弟弟吃。"

他爸爸听后哈哈大笑："好孩子，你真是个好孩子。"

孔融4岁让梨，看似一件小事，但反映了极其可贵，极其高尚的人品。孔融自小谦让，一直被传为佳话。孔融长大后，果然正直有为。他敢于当面揭露权贵们贪赃枉法、为非作歹的行为。他对人诚恳、宽厚，得到四方人士拥戴。

提倡先人后己，在实际生活中并不容易做到，有些人自私自利之心极重，常常借工作和职务之便，甚至借手中的权力，先己后人，损公肥私。这种人必然要在道德上堕落，让人们嗤之以鼻。因此，像孔融这样克己厚人的刚正之士，才被人们千古传颂。

"瘦羊博士"传四方

东汉光武帝时，每年岁终祭神之后，皇上都要按照惯例赐给博士们每人一头羊。可是羊有大有小，有肥有瘦，负责分发的总管总是很犯难，谁该要大而肥的，谁又该得小而瘦的呢？想来想去，他只好提义用杀羊均肉的办法来求得平均。有个叫甄宇的博士认为这样不好。总管又打算用拈阄的办法来分羊，甄宇觉得这样做更是一种耻辱。于是，他当众取走了最瘦、最小的一只羊。其他博士见了他的无私之举，也就不好再争肥弃瘦了。

光武帝听说了这件事很高兴，有一次专门在朝会时询问："瘦羊博士在哪里？"从此甄宇"瘦羊博士"的雅号就传遍了京师。人们无不赞誉他先人后己的美德。

事无大小可以反映出一个人的道德修养，"肥"与"瘦"之间，甄宇毫不犹豫地选择了"瘦"，并没有从心里觉得吃亏，反而认为取"肥"心里不安，这就是他的高尚之处。甄宇的道德精神是可贵的。有时，就在很小的事情上，都可以反映出一个人的道德情操。对于小利小惠，有点谦让精神，事情就极易解决。"若争小利，便失大道"聪明人往往不去计较小利的得失，不会在小事情上纠缠不休，为了长远利益可以牺牲眼前利益，为了整体利益可以牺牲部分利益，为了全局利益可以牺牲局部利益，为了大仁大义可以放弃小利小惠。像甄宇那样，不仅轻而易举地解决了分羊的"难题"，而且培养了人们互相谦让，重义轻利的道德品质，这岂不是两全其美吗？

受利益的驱动，有的人胆大妄为，甚至不惜做出损人利己、伤天害理的事。可同样在利益面前，有的人却是先人后己，公而忘私。取哪种作为，显然决定于一个人道德品质、思想境界的高下。中华民族有着见义就上，见利就让的传统，其价值取向历来就鼓励先人后己的无私行为。

舍生取义　精神生命永存

讲仁义，重道德，乃是中华民族的优秀传统。《左传》就指出："太上立德，其次有立功，其次有立言，虽久不废，此之谓不朽（最高的是树立起德行，其次是建功立业，再其次是留下言论著作，这三点，人虽死了，也永不磨灭，这叫做不朽）。"《论语·里仁》也说："君子喻于义，小人喻于利（君子只知道义，小人只知道财利）。"《孟子·里仁》也认为："君子怀德，小人怀土；君子怀刑，小人怀惠（君子追求的是道德，关心的是法度；小人追求的是田地，关心的是从他人那里得到好处）。"

　　在中国历史上，凡是有道德，好仁义的人，都会受到人们的尊敬和爱戴，这种发自人们内心的情义，钱财又岂能买得到呢？"钱财如粪土，仁义值千金。"是提醒世人，在人世间中，最宝贵的不是钱财，最宝贵的是以诚相待，以善良、宽厚和礼义对待别人。下面这个故事就很能说明这个道理。

　　抗日战争时期，闻一多（现代诗人，学者）在昆明西南联大任教授。像他这样有名望的学者，要生活得好些，并不十分困难。当时，有的人用各种办法发国难财：有的用专业知识参与投机生意；有的则用文笔为财主、达官贵人们写墓志铭之类的玩意儿换取钱财。闻一多对此却不屑一顾。有人说他"呆"，他一笑了之。

　　他住在简陋的农舍里。一间小小的房子，床上、地铺上挤着八口之家。早上，一家人去小河边洗脸，为的是节约一点木灰；傍晚，他的孩子们到稻田里捉蚂蚱、青蛙，以改善生活。朋友们看到他家中的情况，心中很难受。闻一多却不以为然，他说道："富贵于我如浮云。"

　　闻一多不为不义之财出卖自己的人格，更可贵的，对救国救民的正义事业，他面对国民党的手枪"拍案而起"，视死如归，这种高尚的品格不是值得我们每个人学习吗?!处身立世，讲求仁义道德，为君子之道。君子不是不要财，但是君子爱仁义道德重过于钱财，甚至重过生命。因为一个人丧失了道德，就丧失了人的精神生命，即使肉体尚存，只不过是行尸走肉罢了，故仁人志士，往往以"杀身成仁"。孟子就曾以鱼比作生命，熊掌比作仁义，他说道："鱼，我所欲也，熊掌，亦我所欲也；二者不可得兼，舍鱼而取熊掌者也。生，我所欲也，义，我所欲也；二者不可得兼，舍生而取义者也。"

宽厚善良 礼貌待人

引 言

宽厚善良，是做人的起码要求。一个有道德的人往往是宽厚善良的。这是中华民族优良的传统美德之一。人都愿意趋善避恶，这是由人的善良本性决定的。我国的社会传统曾把"三字经"作为幼儿的启蒙读物，里面第一句话即是"人之初，性本善"，教育孩子从小要有善良之心。培养了宽厚善良的美德，为民，就能行善事，宽待人，并勇敢地同邪恶势力作斗争；为官，就能施仁政，博爱民，正直廉洁，勤政奉公。

孔子最早提出"仁"的伦理思想，主张"仁者爱人"，并告诫弟子有一句话可以终身照着去做，那就是"己所不欲，勿施于人"，即自己不想做的事，也不要强加到别人身上。唐太宗李世民从这句话受到启发，认为做事应推己及人，他说："劳民的事，的确不可加于百姓。我贵为帝王，有四海之富，凡事都可以自己作主，但如果百姓不愿意的事，我一定顺从他们的愿望。"李世民基本上是照着所说的去做的，老百姓称他为仁慈的好皇帝。

作为封建统治者，他们某些义行善举，有些是出于巩固政权的需要，但客观上毕竟起到积极的作用。仁慈宽厚哪怕仅是一时一事，也比作威作福、恶贯满盈好得多。我国人民看待善恶是非从来就不含糊，那就是善有善报，恶有恶报。善良宽厚的品德，是崇尚美好的人们永远要继承的。

宽厚善良的人们，总能够做到对自己要求极其严格，而对别人能宽容友善，正确处理好人际关系，做到团结友爱，谦逊礼让。"团结友爱，谦逊礼让"，是中华民族传统美德中处理人际关系的一个准则。老一辈无产阶级革命家在这方面为我们做出了榜样：毛泽东和朱德在井冈山艰苦斗争的岁月里，想让对方的工作、生活更为方便，而争相抢住条件差的房间；刘少奇和警卫战士一起行军，每到一个地方总是先让战士睡下，然后自己再休息。至于中国历史上廉颇和蔺相如的"将相和"的故事则是大家熟知的团结范例。

团结友爱是就思想道德内容而言的，谦逊礼让则属于道德行为规范。在一般情况下，说话举止要文明，对人要有礼貌，这是比较容易做到的；但正如古人所说"怒不变容，喜不失节，是最为难"。

团结友爱并不是不讲原则的客客气气，谦逊礼让也不等于只讲外表而不重内容。现在有些青少年爱讲"哥们姐们义气"，其中原因就有对传统美德团结友爱，谦逊礼让的曲解。至于不顾社会公德，出口粗野的人，我们应加强对其进行教育。要教育他们不要斤斤计较个人利益，在学习上、生活上要多关心他人。见到同学有困难要热情帮助，见到同学有长处要虚心学习。要从小事做起，行为要文明，言谈要注意使用"礼貌用语"；向老一辈无产阶级革命家和历史上的优秀人物学习，努力提高自身素质和道德修养。

慈悲为怀　以德服人

有这样一个关于商汤的传说故事。一次，汤去郊外，看见一个人四面张网，捕捉飞鸟。汤就劝捕鸟人去掉网的三面，只留一面。显然，这是不愿让鸟落进网里。这么一件小事传到其他小国国君的耳朵里，他们很受感动，认为汤对鸟兽都施以恩德，还会亏待他们吗？于是，汤得到了这些小国的拥护。

不管汤当时出于何种动机去保护鸟类，至少客观属于善良的举动，人们有理由据此判断汤是个仁慈宽厚的人。相反，那些做事、说话不近人情，不与人为善的人，其品德也绝不会高尚的。春秋时的管仲即根据这一点，推断易牙、开方、竖刁三人不可重用。当时桓公没有采纳管仲的意见。管仲死后，这三人果然专横跋扈，把齐国搞乱了。

的确，宽厚善良是人的美好品德，具有这种品德的人，人们就敬佩，并以之为楷模，同时，他能在众人面前树立起美好的形象，受人尊敬为为人信任。否则那些做事、说话不近人情，不与人为善，甚至凶残暴戾的人，人们鄙之以缺德，嗤之以鼻，最后众叛亲离。因而，宽厚善良的德性永远是我们所推崇的。

再说一个文王以德服人的故事，我们同样可以从中得到启发。善良仁慈，以德服人，人们定会拥护他，相信他，并发扬他的美德。

秋天，农民把田里的谷子割完，藏到屋里去。

周文王忽然下了一道命令，所有的老百姓都去建造灵台公园。这个公园设在周国都附近，规模很大，有2450平方公里。

老百姓接到命令之后，纷纷前往做工。

公园开工的时候，忽然有人大叫起来，"看呀，这里有一副人骨头！"好多工人都聚集在那里，看躺在地上的尸骨，他们要把那副尸骨打碎。

这时周文王走来了。"不要动！"他说，"把这人骨好好埋葬起来。"

"这是无主的坟墓，何必管他呢？"一个工人说。

"不。"文王对大家说道，"国君是一国之主，坟墓在这里，我就是主人，怎么说没有主呢？"

周文王用衣服把尸骨盖好，让工人们重新安葬。于是，大家都感到周文王对人民极为仁慈，太好了。

公园建好，养了许多麋鹿和白鹤。老百姓都可以到公园去捉兔子，打野鸡；公园里面还有鱼塘，养了许多美丽的鱼，供人民游玩观赏，老百姓都非常高兴。

其他国家，看到文王这样的公正仁厚，有了争执不下的问题，都请周文王评理。这时芮国和虞国，因为没法解决边境的一块田地争端，就一同请文王判断。

他们到了周国，看到种田的人互让地界，走路的人互相让路，人民互相尊敬，官吏们上下都相处得非常和气。

"我要回去了。"芮国的国君说："我们为了一块地争执，是多么的可耻啊。"

"对啦，我也不好意思去见周文王。"虞国的国君答道："那块地让给你好了。"

"不要，"芮国的国君道："你还是自己留着吧！"他们两人争了半天，都要让给对方，最后便悄悄回国去了。

各国听到这个故事，大家都来归顺周，因此天下就太平了。

宽厚善良，以德服人的人，他就能与人们和睦相处，以礼相待，也只有在这样的道德氛围里，人们才能友善相爱，团结一致。

团结典范　顾全大局

战国时代的蔺相如和廉颇以"将相和"的事迹成了历史上团结的典范，留下了顾全大局的美名。当时，赵王在蔺相如完成了"完璧归赵"的艰巨使命后，把他封为上卿，地位超过了老将廉颇。这使得曾经血战沙场，立下赫赫战功的廉颇难以容忍，他当众宣布："我见了蔺相如，一定要侮辱他！"蔺相如听到这个消息后，就尽量不与廉颇见面。上朝时，他称病不去，不愿与廉颇在朝堂上争行列的先后。在路上看见廉颇的车子过来，他就让自己的车子远远回避。他的门客认为他胆小怕事，受了欺压不敢较量。蔺相如却说："你们看廉将军的威势比得上秦皇吗？"门客们说："当然比不上。"蔺相如继续说："秦王虽然厉害，可是我敢于在渑池会上当面斥责他，难道独独怕一个廉将军？只是我想，强大的秦国所以不敢发兵攻赵，是因为有我和廉将军两人在赵国。如果两虎相斗，必然两败俱伤，秦国军队就要乘虚而入了。我所以忍辱退让，是把国家的急难放在前头，把私人的恩怨放在后头。"手下都点头称是。

这些话传到廉颇那里，他受到很大震动，越想越觉得蔺相如做得对，而自己却心胸狭窄，太渺小了，心里万分羞愧，感到无地自容，决定亲自去见蔺相如，向他请罪。于是他脱去上衣，背上一根荆杖，来到蔺相如门前。蔺相如大吃一惊，急忙抢步上前，扶起廉颇说："廉将军快别这样，我们都是国家的大臣，只要我们二人同心协力，团结一致，共保国家，过去的事情就不要再挂在心上了！"蔺相如宽宏大量，廉颇负荆请罪，两人从此结成刎颈之交，成为历史上团结的典范，顾全大局的楷模。

蔺相如以国家大局为重，不计较个人得失的言行，赢得了满朝文武大臣的团结，赵国的国力不断增强，使秦国几十年不敢侵犯赵国。

像这样公而忘私，顾全大局，谦让团结的人和事，在中国历史上不胜枚举。我们从中可以看到，只有树立起这种高尚的品格，才能心中装着国家和人民，才能高瞻远瞩，英明决断；才能胸襟博大，任人唯贤；才能无私无畏，勇往直前。

毛泽东和朱德互让房间

在井冈山革命根据地茅坪不远的洋桥湖桥头，有一栋民房。毛泽东住在这处民房里，红四军军部也设在这里，朱德每天都来这里办公。

一天，办完公，毛泽东目送朱德回去的背影，若有所思地对警卫员说："朱军长住在茅坪，每天来这里办公，来来去去要走好几里路，还要爬山过坳，太辛苦了。我这间房子和军部在一起，朱军长若住在这里工作起来就方便了，把我这间让给他住吧！"

警卫员为难地说："那您呢？"

毛泽东说："我就在附近另找个地方吧！"警卫员只好抱起行李走出门外。

第二天，朱德和警卫员背着行李来了，进房一看，见是毛泽东的房间，他怔住了，就问自己的警卫员："昨天通知时，不是叫我住毛委员隔壁的空屋吧？怎么住到毛委员屋里来了呢？是怎么回事？"警卫员也闹不清，还是房东将毛委员让房的事告诉了他们。

朱德听了此事着急得很，就一口气找到毛泽东住的那个小楼。原来，毛泽东住的房间在楼上，靠着一把的梯子上下。梯子放在天井边，日晒雨淋，看样子已不大牢靠。朱德小心地走上楼，发现门太矮，进门必须低头。朱德不禁叹口气说："毛委员身材比我高得多，我进门都得低下头，他就更不放便了。"进房一看，这房间又矮又小，房里只有一张小桌子，一张旧木床，站两三个人就转不过身来。朱德想：毛泽东每天要找干部、战士谈心，要和群众座谈，这房间怎么能坐下？又看到窗户上没有木格子，连挡风纸都难以糊上去，天气冷了怎么办？

朱德越看越不安，急忙回到自己的住房，叫警卫员打起行李搬家。

警卫员说："既然毛委员决心将房间让给了您，他是不会再回来的。"

朱德说："不要紧，他今天外出开会去了。我们就乘此机会和他换房间。"

警卫员问："假若毛委员还要您搬回来，怎么办？"

朱德哈哈大笑："我住在那楼上，他想撵也撵不走了。"

于是，朱德和警卫员一起将行李搬到小楼上。正当他们整理毛泽东的行李时，毛泽东回来了。

毛泽东进屋一看就明白是怎么回事了。他深情地说："我住在这里不是很好么，你就放心吧。"

朱德急步向前，还想说什么，可是毛泽东坚决不同意再换。此后，朱德就在毛泽东让给他的房间住了下来。

两位伟人换房间是件小事，但已能从中看出他们的高风亮节。两位伟人一生都是毫不利己专门利人。他们高尚的道德情操激励了千千万万的中国革命者，为中国革命的胜利，为中华民族的翻身解放而奋斗。毛泽东经常批评那些自私自利的人：一事当前先替自己打算，然后再替别人打算，是不道德的行为。他自己时时处处谦逊礼让，全心全意为人民服务，一事当前先替别人打算，然后再替自己打算，这就奠定了他成为中国人民的伟大领袖的思想品格。

谦逊礼让　君子典范

人们总是把有谦逊礼让举止的人赞誉为有君子风范，

即有美好品德的人。被后世尊称为万世师表的孔子，是非常谦逊的。他认为"三人行必有我师"。的确，人无完人，总有自己不足的地方，需要虚心学习别人的长处。毕竟人的见识是有限的，即使自己在某个范围内算得上出类拔萃，仍不可骄傲自满，"夜郎自大"的故事就告诉人们，天外有天，人外有人，孤芳自赏，将会停步不前。

谦逊不是缺乏自信。谦逊是人的修养达到一定程度的表现。谦逊对个人来说是一种自励，能促使自己不断进步。谦逊对他人而言是一种友好态度，能团结更多志同道合者，向远大目标迈进。

汉高祖刘邦是有雄才大略的人，他在战胜项羽、称帝洛阳后，仍谦逊地认为："运筹帷幄之中，决胜于千里之外，吾不如张良。镇守国家，安抚百姓，供应粮饷，不绝粮道，吾不如萧何；指挥百万之军，战必胜，攻必取，吾不如韩信。此之者，皆人杰也。"这使他清醒认识到取得天下的原因，在于他知人善任，团结了一批名臣贤将。相反，项羽刚愎自用，自以为是，有范增这样的谋臣却容不得，以致最后四面楚歌，自刎而死。

我国古代社会非常讲究礼制，《礼记》被作为儒家的经典之一，倡导人与人之间以礼相处，视温良恭俭让为君子风度。在人际关系中锋芒毕露、剑拔弩张，为人们所不屑。礼让并不是无原则的妥协，礼让与谦逊一样，有着人格的力量。

在中国历史上，尽管封建王朝内部常常争权夺位以致兵刃相见，拼得你死我活，但也有辞让君位的佳话传出。季札是春秋时吴王的小儿子，他品德贤良，吴王想立他为君位继承人。季札坚决推辞，说废前面三个哥哥而立他不符合礼制。吴王死后，长子诸樊想按父亲的愿望，让季札继位。季札不允，干脆逃到野外耕地种田。在以后的几十年时里，吴国君位在三个哥哥之间传递。轮到他时，他说自己早已表示过不受君位，一定要坚持到底。季札终于也没有做吴王。然而，当许多君主国王早已被人们遗忘时，季札谦逊礼让的美名却流传了下来。

相逢好似初相识　到老终无怨恨心

　　"相逢好似初相识，到老终无怨恨心"。大意是说，朋友之间相处应当相互尊重，热情礼貌，如果这样的话，即使一辈子相处在一起，也不会发生冲突，产生意见和忌恨。

　　从心理学的角度来看，朋友之间初相识的时候，往往比较注意礼貌，表现得热情洋溢，彬彬有礼。时间长了彼此都比较熟悉，也往往变得更随便了，但有时也因为太随便，便会产生一些误解，甚至摩擦和冲突，本是好友，反而变成仇人。

　　要避免这种悲剧发生，有三点要值得注意：第一，无论多么熟悉的朋友，都不能过分随便，必要的礼节、礼貌必须讲究；第二，要善于体谅人，宽容人，不要斤斤计较；第三，要善于理解人，只有理解人，才能更好地体谅人。

　　1863 年 1 月 8 日，恩格斯怀着十分悲痛的心情，把妻子病逝的消息，写信告诉马克思。

过了两天，他收到马克思的回信。信的开头写道："关于玛丽的噩耗使我感到极为意外，也极为震惊。"接着笔锋一转，就说自己陷于怎样的困境。信内，也没有什么安慰的话。

"太不像话了！这么冷冰冰的态度，哪像二十年的老朋友！"恩格斯看完信，越想越生气。过了几天，给马克思去了一封信，发了一通火，最后干脆写上"那就听便吧！"

"二十年的友谊发生裂痕！"看了恩格斯的来信，马克思的心里像压了一块大石头那样沉重。他感到自己那封信是个大错误，而现在又不是马上解释得清楚的时候。过了十天，他想老朋友"冷静"一些了，就写信认了错，解释了情况，表白了自己的心情。

坦率、真诚和体谅，使友谊的裂痕弥合了，疙瘩解开了。恩格斯在接到马克思的来信后，以欢快的心情回了信。他在信中说："你最近的这封信已经把前一封信所留的印象清除了，而且我感到高兴的是，我没有在失去玛丽的同时，再失去自己最老的和最好的朋友。"

先天下之忧而忧，
后天下之乐而乐

引 言

忧国忧民，千百年来一直为世人所推崇和讴歌。

关心天下苍生，维护国家民族独立，为报效国家和造福人民而献身的伟大品格是中华民族最突出的传统美德。"天下兴亡，匹夫有责"、"亏了我一个，幸福十亿人"就是这种美德最概括、最生动的写照。这种美德是中华民族延续和发展的动力，同时也是中华民族凝聚力和向心力的结晶。

从古至今，中华大地涌现出无以数计的爱国爱民的英雄志士。苏武"北海牧羊"、岳飞"忠精报国"表现了维护民族尊严的坚定信念；祖逖"闻鸡起舞"、"中流击楫"表现了保卫祖国、抵御侵略的高尚德行；文天祥的"留取丹心照汗青"表现了效忠祖国、坚贞不屈的浩然正气；邓世昌浴血奋战、视死如归表现了对民族、对国家生死存亡的强烈责任感；谭嗣同变法图强英勇献身，澎湃舍家财为民族解放壮烈牺牲，鲁迅弃医从文、终生战斗，华罗庚身处异邦心系祖国……都表现爱祖国爱人民的炽热真诚之情。这些爱国爱民的光辉典范连同那种光辉的爱国精神百代不衰，永世流芳。

看看这些爱国爱民英雄志士的平生业绩，尽管他们所处的时代各异，经历不同，但都具有一种共同的特性。他们不论年岁大小、干何工作、职务高低，都深深明白"天下兴亡，匹夫有责"的大义，即使是一介书生，布衣之士，也具有"位卑未敢忘忧国"的情怀，而对祖国对人民竭尽忠诚，头可断，血可流，祖国的尊严、人民的利益、中华的振兴，绝不可丢。这些热爱祖国，服务人民的英雄志士都为祖国的荣誉和富强、人民的安危和幸福做出了应有的贡献，而像以毛泽东为代表的中国共产党人更是为祖国的独立、为各民族的解放做出了历史上无以伦比的贡献。所有这古今爱国爱民的英雄志士，他们思想和行为形成了中华传统美德的基础，成为我国各族人民的普遍精神，在改革开放的今天，仍有着深远的影响和巨大的作用，值得我们永远继承和发扬。

那么，我们如何继承发扬这些热爱祖国，服务人民的传统美德呢？可以从下面几方面照着去做：

1. 热爱祖国，热爱人民，热爱中国共产党。坚信国家和人民的利益高于一切，决不允许任何人以任何理由损害国家和人民利益。这应该首先切实做到的。

2. 从小立志为祖国更富强、人民更幸福而刻苦学习，掌握本领，将来更好地为祖国、为人民服务。

3. 青少年要有强烈的为人民服务的观念和高度的责任感。只要对国家、对人民、对集体有利的事，知道了就主动去做。一事当前，先替别人打算，帮助周围的人，积极做好事。

4. 从小尊敬国旗、国徽；会唱国歌；升国旗、奏国歌时要肃立，脱帽，行注目礼，少先队员行队礼。

5. 热爱祖国壮丽的河山和丰富的文化遗产。了解祖国悠久的历史，知道一些重大历史事件和重要历史人物。

6. 要有强烈的民族自尊心，自觉维护祖国尊严，弘扬民族正气，不要妄自菲薄，不崇洋媚外。要培养民族自信心，自强不息，振兴中华。要维护民族团结和祖国统一，为台湾早日回归祖国贡献力量。

7. 热爱家乡，热爱人民，为家乡四化建设添砖加瓦，贡献力量。

8. 热爱学校和班级，积极参加学校举行的各种活动，为集体荣誉争光。

范仲淹《岳阳楼记》吐真言

范仲淹在任参知政事时，大胆地向宋仁宗提出了改革的方案，决心整顿官吏制度，加强军备，发展生产，实行政治改革。改革只推行了一年多，因为触动了封建贵族的利益，遭到了许多保守官僚的反对。结果，他最后被贬职，改革也跟着失败了。范仲淹虽然悲愤满腔，但在那种环境里，他一个人又有多大力量来扭转局势呢？

他有个好朋友，叫滕子京，是一个正直而有才华的人。滕子京受到坏人的诬陷，也被朝廷贬了官，到了岳阳。他为了这件事常生闷气，说怪话。范仲淹知道了总想劝劝他。

正好这一天，范仲淹收到一封信，是滕子京写来的。信上说："座落在洞庭湖边上的岳阳楼已经修完，你会写诗、会作文，就写一篇关于它的文章吧。"

看完了信，范仲淹想，我就借写岳阳楼的风景，趁机劝劝滕子京吧。范仲淹拿出纸笔，写出了一篇散文，叫《岳阳楼记》。文中写道：

"登上岳阳楼，可见到洞庭湖壮观的景色。天阴的时候，湖面雨雾迷漫，使人感到很悲凉；天晴的时候，水天一色，望不到尽头，使人心情舒畅。景色不同，使得有人欢喜，有人悲伤。

可我看有一种人，就不是这样，他们的心情不因为环境好就欢喜，也不因受到打击而悲伤。他们不管是当官，还是不当官，都为国为民忧虑。那么，他们怎么才快乐呢?"

写到这里，范仲淹写出了一段非常有名的话:"先天下之忧而忧，后天下之乐而乐。"

这就是说:一个人首先忧虑的不是自己的成败得失，而是天下大事;等到天下人都快乐了，自己也就快乐了。

这是范仲淹的心声。他对这句话十分喜爱，常常高声朗读它。现在，他把这句话送给朋友，为的是鼓励滕子京，要先想到国家，不要老为自己的处境忧虑。

滕子京收到了《岳阳楼记》，深受感动，把它刻在岳阳楼上，范仲淹的文章从此就流传开了。

祖逖慷慨激昂誓报国

东晋时候的祖逖，是一位仗义好侠、忧国忧民的志士，他看到国家失去北部大面积的地盘，非常痛心。他决心为国家收复失地，重振国威。

晋元帝司马睿在建康定都的时候，祖逖在京口召集了一些勇士和乡亲，准备北上抗击外族的侵略。他上书晋元帝说：

"晋朝所以遭到侵略，是由于藩王争权，自相诛灭，才给敌人造成机会。今天百姓在外族的欺压之下，都有奋击之志、报国之心，您如果能发威命将，让我做统主，则各方豪杰会投奔而来，敌兵去除，国耻可雪……"

司马睿答应了祖逖的请求，命他为奋威将军、豫州刺史，拨给他一千人的给养、三千匹布，让他自己去招募兵卒、制造兵器。

祖逖准备停当，祖逖带领着一些勇士和几百家乡亲，组成一支队伍，渡江北上。船离开南岸，渐渐划到大江中流，大家回望南土，心中都很激动。祖逖望着江心的浪花，手敲着船桨，向众人发誓说：

"我祖逖如果不能肃清中原敌寇，收复失地，就如江水一样，一去不回！"

"对，我们都跟着你，不打败敌人决不回家！"船上的勇士们都鼓足了勇气，发誓报效国家。

祖逖过江后，先造兵器，后招兵马，成千上万的人闻讯而来，很快就组成了一支强大的军队。

祖逖英勇善战，很会用兵，加上他对待部下、士卒体贴入微、关怀备至，士卒愿意为他出生入死、舍命战斗。所以接连打了几个大胜仗，收复不少城池，不久黄河以南又成为晋朝的疆土。

人贵有志业贵专，男儿有志可擎天。尽忠报国弃生死，流芳百世代代传。

文天祥留取丹心照汗青

文天祥是政治家，也是文学家。他是我国南宋忠臣烈士中的一位代表人物。

在元军渡过长江，京城临安危在旦夕之际，文天祥为挽救国家危亡，起兵抗元。朝廷见文天祥坚持抗元，后来就任命他为右丞相，要他到元军军营去同元军首领伯颜谈判。伯颜原想南宋投降，用尽各种办法，甚至以死来威胁文天祥，但文天祥就是不屈服，不买账。伯颜毫无办法，只好把文天祥拘留并押往北方大都（今北京）。文天祥在解押途中逃脱，历尽了艰险来到福州。他又重新组建了一支抗元救国的队伍，继续与元军战斗。元军派兵围追，由于力量悬殊，文天祥寡不敌众，最后在广东海丰五坡岭战败被俘，不久就被解送到潮阳。

原为宋臣，因投降元军而成了元军主帅的张弘范看见文天祥，连忙上前相迎。文天祥却背过身子，给他一个大脊梁。张弘范恬不知耻地说："文丞相，你的为人，我一向敬佩。古人说，识时务者为俊杰……"说着，他转到文天祥的面前了，文天祥猛一转身，又用脊背对着他。张弘范并不甘心，说："文丞相，只要你写一封信给张世杰将军，叫他不要再在崖山顽抗阻扰元军，那么，你还可以当丞相。"文天祥愤怒地斥责他："无耻之徒！"张弘范还不死心："文丞相，刚者易折啊！"文天祥坚定地回答："宁折不弯。"张弘范见软的不行就来硬的，"嗖"地抽出寒光逼人的宝剑说："你硬还是我的剑硬？"文天祥神色坦然，大步向剑尖上撞击。张弘范慌了，连连退步，说："文丞相，你想想吧，何必轻生呢？你给张世杰写封信吧，免得生灵涂炭，也体现上天好生之德呀！"文天祥站住，说："拿纸笔来！"张弘范以为自己劝降成功，喜形于色，赶紧递过纸笔，只见文天祥挥笔疾书，写下了前几天就已吟就的壮丽诗篇《过零丁洋》。其中诗的最后两句是："人生自古谁无死，留取丹心照汗青。"这表明了他视死如归，决不投降的决心。

文天祥写罢诗，冷笑一声，说："你拿去吧，我兵败被俘，再不能捍卫父母之邦，已深感无地自容，怎能写信去叫别人背叛国家呢？只有你这样的软骨头才甘心作元军的奴才。"说罢文天祥哈哈大笑，笑得张弘范脊梁上发冷，悻悻地走了。眼看劝降落空，张弘范只得把文天祥押送到大都。

文天祥被打入又脏又湿、暗无天日、冬天奇冷、夏天酷热的地牢。三年的地牢生活，他受尽了折磨，但锐气不减，还在牢中写下了悲壮的《正气歌》，激励百姓抗战。元世祖忽必烈很佩服文天祥的忠心，于是亲自在来劝降，许以丞相之职，文天祥不为所动，反而斩钉截铁地说："唯有以死报国，我一无所求。"元朝统治者见他不可能回心转意了，决心处死他。

出斩那天，日色暗淡，寒风刺骨，成千上万的人围着刑场，洒着热泪。文天祥身戴刑具，神色自如地挺立在北京柴市的刑场上。这时，他身向南方，然后把他三年来一直没向敌人跪过的两腿，齐齐跪在地上恭敬地朝南方祖国拜了几拜，沉痛地说道："我报效国家的机会到此为止。"说完，他从容就义，年仅47岁。

文天祥壮烈殉国了，但他留下了一首撼人心弦的《正气歌》……

血书抒发救国情

近代民主革命家陈天华，1903年留学日本，当时，沙俄军队侵占满洲，软弱无能的清政府又谋划同俄国政府私订丧权辱国的条约，消息传来，陈天华悲愤欲绝。他立刻同章太炎等爱国志士一道召开拒俄大会，组织拒俄义勇队，准备回国参加战斗。

一天，上完操练课后，陈天华回到宿舍，想到祖国灾难深重，不禁张开双臂，大声呼喊："拯救祖国！四万万同胞，起来拯救祖国呀！"他嚎啕大哭一阵之后，突然咬破自己的手指，鲜血立时流出来，滴在桌上、床上、地上，只见他拿出一叠纸，用血指写道："救国"，随后，手不停地写，在血书里陈述亡国的悲惨，当亡国奴的辛酸，号召同胞起来斗争……写呀，写呀，他一连写了很多幅，终因流血过多，晕倒了，嘴里还在喊："救国！""救国！"

别人把他救醒后，劝他休息，他谢绝了，挣扎起来，把血书一份份地装进信封，从远隔大海的日本寄回祖国的各学校，读到此信的人没有不受感动的。那幅幅血书像火炬，点燃了同胞的爱国热情；幅幅血书像号角，召唤志士仁人奔赴抵抗帝国主义侵略的前线。

爱国情操风雨无阻

华罗庚是我国杰出的数学家。

1946 年，他应邀前往美国，一面从事教学，一面继续研究数学，在美国发表了不少的数学论文，美国学术界给他以"世界上名列前茅的数学家之一"的赞誉。

华罗庚在那里得到了良好的工作条件和优厚的生活待遇，既有漂亮舒适的洋房，又有崭新的"顺风"牌高级小汽车，他的家眷也到了美国，有关人士表示希望他永久留在美国。但是，当华罗庚看到新中国宣告成立的消息时，不禁热泪盈眶，毅然带领全家登上一艘邮船，直扑新中国的怀抱！他在途经香港时发表一封至留美学生的公开信上写道："我们受到同胞们血汗的栽培，成为人材后，不为他们服务，这如何可以谓之公平？如何可以谓之合理？……为了选择真理，我们应当回去；为了国家民族，我们应当回去；为了为人民服务，我们应当回去；就是为个人出路，也应当早日回去，建立我们的工作基础，为我们伟大祖国的建设和发展而奋斗。"

1979 年，华罗庚应邀去美国讲学。有一次，一位风度翩翩的女学者来到华罗庚面前，问道："华教授，您不为自己回国感到后悔吧？"华罗庚斩钉截铁地回答："不，我回到自己的祖国一点也不后悔。我回国，是要用自己的力量，为祖国做些事情，并不是为了图舒服，活着不是为了个人，而是为了祖国。"正是这种强烈的爱国主义精神和崇高的理想，促使华罗庚教授为发展我国社会主义科学事业做出了杰出的贡献，并培养一大批后起之秀。

"为国家民族"，"为人民服务"，"活着不是为了个人，而是为了祖国。"这是何等高尚的道德情操。愿我们年轻的一代向这位伟大的数学家学习，为中华的富强而努力奋斗。

人生立志，自强不息

引　言

孔子说，"三军可夺帅也，匹夫不可夺志也"。

孟子说，"夫志，气之帅也"。

朱熹说，"百学须先立志"。

诸葛亮说，"志当存高远"。

秋瑾说，"水激石则鸣，人激志则宏"。

这里，我们引用先哲伟人的话是想说明一个道理——志存远大，自强不息，是中华民族传统美德的重要组成部分。人如果没有志向和意志，包括理想、目标，就失去了生命的灵魂。心灵的灯塔倒下，人生就只能在混混噩噩中度过，这是极其可悲的。

"志向远大"，说的是立大志而不是立小志，是高尚之志而不是低级庸俗之志，这是中华民族传统美德关于立志的精华所在。可是无论哪个时代，都有人胸无大志，无所作为，都有人玩物丧志，自毁前程。我们作为时代的新人，立志就应"夫英雄者，胸怀大志"。历史上的曹操"老骥伏枥"，仍"志在千里"，"猛志固常在"呵，我们风华正茂，何不立大志立高志？

传统美德告诉我们："君子之志，所虑者岂至一身，所虑及天下千万世。小人之虑，一朝之忿，不遑恤其身。"这就是说，为国家、民族、人民大众利益立志，属于大志，为个人利益立志，属于小志，它们的差别是"重于泰山"与"轻于鸿毛"的差别。人的立志将显示出他今后人生的价值。

立志后还要靠自强不息地一步一个脚印地去付诸实施。如果只拍胸膛说立志，那是大话空话，此"志"弃之不可惜。我们应该懂得，立志只是迈向事业成功的第一步，拼搏才是登堂入室的旅途，旅途的终结才是最后的成功。的确，只有不避艰险，实事求是地攀登的人，才可能到达光辉的顶点。立志不只能看到在远空的星光，最重要的是去做眼前的实事，这是比做什么都要紧的。"空想一百年，不值一文钱"。"不管理想多么美好，总得扎根在现实的土壤里"。这两个谚语都说明了一个真理：有理想而无行动的人，只能在梦里得到收获。

中华民族传统美德中的志向远大、自强不息，主要包括报国、为民、建功、立业等方面的内容。从历史上的许多伟人和英雄的身上，我们可以看出，他们立志的表现形态是千姿百态的，志的大小并不在年龄的大小和时代的远近，也不在职位的高低和环境的优劣，关键问题是要有一颗拳拳报国、为民建功立业的真心。自古雄才多磨难，而且往往是逆境中容易出英才。屈原被革职流放时写出了千古传颂的《离骚》；司马迁受"宫刑"奋写《史记》是最突出的实例。在我国的近、现代史上，中华传统美德更加发扬光大。林则徐"鸦片一日未绝，本大臣一日不回"的故事，以及革命英烈蒋先云、无产阶级革命家贺龙、科学家钱学森等故事，都充分说明了这个问题。

周恩来幼时发奋

周恩来，1889年3月5日出生在江苏淮安县。那时，我们中国灾难深重，百姓生活很艰苦。

周恩来的父亲在外做小职员，收入只能维持自己的生活。小叔父早死，小婶娘孤苦伶仃，就把刚满1岁的周恩来接去，作为养子。养母陈氏出生书香门第，擅长吟诗作画。周恩来5岁时，养母就教他识字，6岁时开始读《三字经》、《千字文》、《神童诗》等。养母喜欢唐诗，常常教他背诵唐诗，还常常给他讲岳飞、文天祥等民族英雄的故事。

周恩来12岁时，随伯父来到了东北，便在奉天东关模范学校读书。

历史课上，老师讲述了中华民族的五千年文明史，及许多民族英雄，爱国志士等杰出人物的故事。老师的教导，使周恩来大开眼界，爱祖国的信念大大增强。

在学校，他还读了一些革命家的书籍，如陈天华的《警世钟》、《猛回头》，邹容的《革命军》。这些书更加激发起他的爱国热情。

有一天，魏校长走进课堂，突然对学生说："你们回答我一个问题，因为这个问题对你们每个同学都很重要，这问题不解决好，书也读不好，做人也没有目标。你们说，读书是为了什么？"

班内学生听了，纷纷举手回答。有的说："父亲一定要我来读书，我有什么办法，所以我是为父亲读的。"

有的回答："读了书，有了知识，将来有个职业，生活有保障。"

有的说："为了光宗耀祖呗！"

周恩来听到这个问题后，静静地思索着，没有抢着发言。校长看到周恩来严肃的脸，很想知道他怎样回答这个问题，便说："周恩来，你站起来说说看！"

周恩来马上站起来，庄严地说："我是为中华之崛起而读书的。"

洪亮的话音，伟大的抱负和决心，使校长和全班同学都震惊了，想不到一个 14 岁少年竟会有这么伟大的志向，惊人的气魄。

周恩来为实现自己的誓言，奋斗了几十年，终于取得了巨大成就。

屈原志向远大

屈原，是战国后期的楚国人。他任左徒和三闾大夫时，抱着救国救民的志向满怀热情地去辅佐楚怀王，但受奸臣谗言惨遭陷害，被革职流放到沅湘一带（今属湖南境内），过着颠沛流离的生活。

在流放期间，屈原固然痛恨奸臣当道给自己带来的不幸，但他首先想到的是楚国的存亡。他本来有一肚子富国强兵的打算，但结果却被小人排挤出去，不能施展自己的抱负。现在眼睁睁地看着楚国外有强敌，内有权奸，国土任人践踏，祖国危在旦夕，但是自己又无能为力。屈原心里很难过，不思茶饭，弄得面容憔悴，身子一天一天地消瘦下去。屈原的姐姐听到弟弟的不幸遭遇，便老远地跑来沅湘看他，安慰他说："楚国哪一个人不知道你是忠臣？你已经尽到心了，现在老悲痛有什么用呢?!"屈原说："我知道忠心耿耿会招来不幸，可是我怎么能看着国家危亡不管呐！只要能救楚国，我死一万次也愿意。"姐姐说："你别说傻话了，如果你一死能够救国，我跟你去死，可是这不能呵，你应该耐心等待为国家出力的机会。"在姐姐的劝告下，屈原脱下长袍和庄稼人一起下地干活。庄稼人都很同情他。当他和庄稼人生活在一起，看到他们一年到头辛苦种地，还是经常受冷挨饿，弄不好还要家破人亡。这种悲惨景象，更加深了他的痛苦。他本来就喜欢写诗，这时他写的诗更多了。他要把满腔的积愤，都抒发到写作上去。

就这样，虽然他身体一天一天消瘦下去，却写出了大量流传千古的名篇。

他的代表作《离骚》就是在流放期间带着病写的。那是一个凄风苦雨的夜晚，他经过一天的劳苦奔波，在一个小草房借宿下来。淅淅沥沥的秋雨，激发起他感情的波涛，他想起自己一生的悲惨遭遇，想到了危在旦夕的祖国，不禁老泪横流，于是他忘却了自己虚弱的身体，硬支撑起来写作。他伸出颤巍巍的手，一笔一划地写起来，抒发多少年来积聚在自己心中的思想感情。写着写着，他忽然一阵晕眩，但他忍不住胸中的激情，还是咬紧牙关挣扎着写下去。鸡叫了，天亮了，小小的灯盏里，油都快烧光，他又挣扎着在整篇的最前面写上了"离骚"二字，就一头栽在桌子上。"路漫漫其修远兮，吾将上下而求索"。屈原靠着自己坚韧不拔的努力和自强不息的精神，终于完成了他的长篇巨著《离骚》，给后人留下了一笔极其宝贵的精神财富。而他自己却病倒了。公元前278年，当秦国攻占了楚国的国都，屈原听到这个消息之后，伤心得放声大哭。他知道楚国已没有希望了，可是他不愿看着楚国的宗庙被毁，自己的社稷人民落在敌人手里，就在五月初五那天，悲愤地跳到汨罗江里自杀了。

"路漫漫其修远兮，吾将上下而求索。"这表达了屈原崇高的理想的远大志向，即使是在那内外交困的环境里，他仍拼搏着顽强地探索救国救民的真理。如果没有强大的爱国忧民的道德力量的驱动，屈原是不可能那样志存高远，为国为民牺牲性命也在所不惜。这种高贵的精神永远闪耀在中华民族的历史上。

司马迁忍辱著书

西汉时期，在陕西韩城这个地方，出了一位伟大的史学家和文学家，他的名字叫司马迁。

司马迁祖上的好几辈都是朝廷的史官。他的父亲司马谈就是汉朝的太史令，专管朝廷史料的记载、搜集、整理和收藏。司马迁 10 岁的时候，就读了许多书。后来，他随父亲到了长安，读书就更刻苦了，又结识了很多有学问的人，可随时向他们请教，他的学问就更加精深了。

20 岁时，司马迁开始游历祖国的名山大川。他用了 10 年时间，差不多走遍了全国，真是"读万卷书，行万里路"。他到过埋葬舜帝的九嶷山，凭吊过屈原投水自尽的汨罗江；游历过大禹召集首领开会的浙江会稽；瞻仰过山东曲阜孔子的故居；访问过刘邦的故乡——丰沛的父老；还参观过项羽的国都（今江苏的徐州）……后来，他还当过汉武帝的随从，跟着皇帝巡视各地，并且还奉命到西南地区考察。祖国的壮丽山河开拓了司马迁的胸怀，各地的风土人情，给他的文采以丰富的养料。

大约在司马迁 30 岁的时候，他突然遭到了一次严酷的身心摧残。原来这时汉武帝正与匈奴打仗。汉武帝派李广利和李陵率兵攻打匈奴，可这两个人却打了大败仗。李广利丢了 3 万兵马；李陵损失了近 5000 士兵，还被匈奴俘虏了，后来就投降了匈奴。

李陵投降的消息传到京师，气坏了汉武帝，他命令把李陵的母亲、妻子抓起来，投入牢狱，又召集大臣们商议如何给李陵定罪。大臣们谁不看皇帝的脸色办事呢？大家都纷纷指责李陵贪生怕死，只有太史令司马迁一言不发。原来他觉得李陵平时为人挺朴实，他的失败是有原因的，现在大家都夸大他的过失，这是不公平的。

汉武帝见司马迁半天不说话，就问他对这事有什么意见。

司马迁说："李陵带的步兵不满 5000 人，又深入敌人腹地，打击了几万敌兵，虽然失败了，可也杀了不少敌人。他并没有辱没皇帝的使命。再说，他平时那么朴实，现在投敌了，将来总会有个赎罪的办法，现在定他的罪，是不是早了一些呢？"

汉武帝听了，觉得这番话是故意指责李广利而替李陵辩护。因为李广利是皇帝的亲信，所以汉武帝不觉勃然大怒，气呼呼地说：“想不到你会替投敌的人辩护，是不是存心反朝廷呵？”于是便把司马迁投入牢狱，交廷慰审问。

过了一年，又有消息传来，说匈奴给李陵娶了个匈奴的姑娘做妻子。汉武帝一听更加生气，就下了一道命令，把李陵的母亲和妻子都杀了。把司马迁也定了死罪。

在汉朝，定了死罪的人要想不死，只有两个办法，一是用钱来赎，二是接受侮辱人格的“宫刑”。司马迁是个史官，哪儿有钱去赎罪呢？司马迁一想到自己要受“宫刑”的刑罚，真想横下一心死了算了。可是他转念一想：世上人终究要死，可是死的价值就不一样了。有的人死了比泰山还重，有的人死了比鸿毛还轻。自己理想目标尚未实现就死了，有什么意义呢？再看那些有成就的人吧，谁不是遭受了巨大的打击，而怀着一腔忧愤完成自己的事业呢？周文王被关在羑里，然后写出了《周易》；孔子周游列国，被围困在陈蔡，后来却写出了《春秋》；屈原遭到小人的陷害被赶出了朝廷，写出了《离骚》；左丘明瞎了眼睛，写出了《国语》；还有孙膑，他的膝盖骨被人剜掉了，仍写出了兵法；还有诗经 300 篇和几乎所有的传世巨著，都是在作者身处逆境，然后自强不息地写出来的。我应该活下去，那怕是身体残了，也要写出一部像样的史书来。就这样，他决定承受耻辱和痛苦，勇敢地活下，发愤写作《史记》。

司马迁受了宫刑以后，被释放出来。他忍受着内心的痛苦和他人的讥笑，一心一意地写书。

就这样，他整整写了 18 年，直到成为 60 岁老人的时候，终于完成了 52 万多字的《史记》，如果从 20 岁搜集资料算起，一共用了 40 年的时光。

鲁迅书写豪情展抱负

在中华的传统道德库里，有一句贤文："志宜高而心宜下，胆欲大而心欲小。"说的是人生在世，要获得事业的成功，就应当怀抱远大的志向，且虚心好学脚踏实地，既有超人的胆略，又要有谨慎细致的心机。

这的确是至理名言。试问，古今中外，哪一个英雄豪杰不是如此？试想，古往今来，哪一位圣贤又不是如此？

鲁迅先生正是这样一位伟大圣贤。

鲁迅先生出生于十九世纪末的中国，他从小就耳闻目睹当时旧中国贫困落后，昏暗愚昧的悲惨景象，为之痛苦，为之愤慨，也为之奋起！他立志要把这古老衰败的中国，从昏暗愚昧的落后状态中拯救出来，使它走上独立和富强之路。为此，他发愤读书，四出求学，甚至不远万里，飘洋过海到日本学医。

在学医期间，有一次看幻灯时，鲁迅看到一个中国人给沙皇军队当侦探，被日军捕获，要抓去枪毙，但围着看的却是一群中国人，他们对于同胞的死亡，竟无动于衷，神情麻木，鲁迅心中受到强烈的震撼，他深深地感到，学医只能医治中国人的肉体，而中国的振兴最要紧的还是改变中国人的精神。于是，他毅然弃医学文。

回到祖国后，鲁迅先生奋笔疾书，一篇篇杂文，一本本小说，如匕首，似大炮，轰向反动派的心脏，轰醒国人的思想。他热爱人民，在广大民众中吸取奋斗的力量；他仇恨敌人，不管敌人怎样恐吓威胁，毫不退让。他以其一生，实践着他的远大志向，在中国人民走向光明、独立与富强的道路上，他作出了不朽的卓越贡献。

是的，"人是要有一点精神的"。在人的道德情操里，高尚远大的志向、谦虚实干的作风、不畏艰难的胆略，就是人生中最可贵的精神志向，是人生前进的指路明灯；没有志向就像没头苍蝇一样。有了远大的志向，还必须脚踏实地，一步一个脚印，才能到达光辉的顶峰。在前进的道路上，必然会遇上种种艰险，志向越高，艰险越大，也就越需要超人的胆略，只有"敢上九天揽月，敢下五洋捉鳖"的大无畏精神和英雄气概，才能坚定不移地走向成功的彼岸。

著名科学家巴斯德曾深有体会地说道："立志是一件很重要的事情。工作随着志向走，成功随着工作来，这是一定的规律。"

孝顺父母　尊老爱幼

引　言

　　"孝敬父母，尊老爱幼。"是中华民族传统的美德之一。"孝"是"老"字头，"子"字尾，意思是儿子继承老人，要好好侍奉老人。所以"孝"是好好地侍奉父母；"敬"是从内心恭敬尊重。"孝敬父母"就是发自内心对父母尊敬、热爱、关心和赡养。"尊老"不仅是对自己的父母，范围还要更广些，也就是要尊敬、关心和爱护社会上所有的老人；"爱幼"是对自己的儿女而言，也是对全社会的儿童、青少年一代的关怀、爱护、培养和教育。总之，"尊老爱幼"就是对社会上的老人和我们事业的接班人奉献一颗爱心，并体现在日常行动上，而且自觉地把它视为对国家和民族应尽的一分责任。

我国古代很重视"孝道"的，认为"忠臣必出于孝悌之家"。孔子教学生把"孝敬父母"放在教学的首位，说是道德的根本。"孝道"中也包含尊老爱幼的内容。孟子说："老吾老以及人之老，幼吾幼以及人之幼。"数千年来，一直为我国各族人民所崇尚。

需要指出的是：孔子所说的"孝敬父母"和我们今天提倡的"孝敬父母"，内容是不尽相同的。孔子是封建时代的思想家、教育家，他所主张的"孝道"，含有不少封建意识，如维护家长特权，要子女绝对服从；还提出父母死了，行三年之丧，还要不改父母之道等等。这些都是消极保守的封建糟粕，必须剔除摒弃。但孔子和儒家一些人，在论述孝道之中，都包含着敬老爱幼，父慈子孝，兄友弟恭，促进家庭融洽和睦的思想内容，这些是应该肯定的。几千年来，"孝敬父母，尊老爱幼"的道德思想熏陶了不少杰出的人物，陶冶了中华民族的子子孙孙，像"子路背米孝双亲"、"缇萦上书救父"、"江革背母逃命难"、"黄香扇枕温席"、"欧阳修不忘母教"等等数不胜数孝敬父母的故事，至今流传于世。作为炎黄子孙，我们应该继承和发扬这种传统美德。

"尊老爱幼"，同样也是一种社会公德。谁无老人，谁无儿女，我们除了孝敬自己的父母和爱护、养育自己的儿女外，还应该推而广之，对待别人家的老人和儿女，也如同对特待自己的老人和儿女一样，使全社会做到"老有所养，老有所乐，幼有人爱，幼有人教。"

中国共产党人一向提倡"孝敬父母，尊老爱幼"的传统美德。他们尊老、敬老、养老，喜幼、爱幼、育幼。他们以自己的实际行动做出了"孝敬父母，尊老爱幼"的榜样，如毛泽东缅怀慈母，尊老爱幼；周恩来抚养烈士子女；刘少奇敬访农民，喜爱儿童；朱德尽忠报母，尊老育幼；刘伯承为母分忧，苦干养家，雷锋扶老爱幼……他们这些感人的事迹已广为流传并影响和教育了广大人民群众。

"百善孝为先"，革命前辈谢觉哉也说过："侍奉老人，不是封建，不是资产阶级思想，而是人类美德。"在继承弘扬传统美德的今天，我们对"孝敬父母，敬老爱幼"要有一个正确的认识，明确成年子女赡养和扶助父母和抚养、教育未成年儿女是《宪法》所规定的公民应尽的义务，树立"孝敬父母光荣，不孝敬父母可耻"、"尊老爱幼，扶老携幼光荣，弃老虐幼、斥老欺幼可耻"的荣辱观念。在行为上能做到体贴、关心、热爱父母，把父母的爱抚转化为对父母的孝行，尽到儿女情意。

传统美德　孝义为先

"千经万典，孝义为先。"其意是"无论有多少种经典著作，都一致主张，'孝'是众德之本，众德之首。"

古时候，孔子说学授徒，相传弟子三千，成名的有七十多人。孔子教育学生把"孝敬父母"放在第一位。

孔子说："学生在家要孝敬父母，出门要尊敬兄长，少说没用的话，对人要讲信用，要热爱众人，接近有道德的人。这样做了，有剩余的精力，就去学点文学知识。"用今天的话讲，这可算是孔子的教学大纲吧。

又有一个学生叫孟武伯的，也来问这个孝道问题。孔子回答说："当父母的，就是怕孩子有病啊，一定要加强身体锻炼和品德的修养，不使父母担忧啊。"

从这两问两答中，我们可以看出孔子教育学生孝敬父母的内容，主要是对父母的尊敬、热爱、关心和赡养。特别是要按父母的教导去锻炼自己，健康成长，不让父母担忧。这难道不是我们今天要继承和发扬的美德吗？

鲁迅先生就是一个具有现代"孝道"的伟人之一。

鲁迅先生是新民主主义文化革命的旗手，他坚决地毫不妥协地反对封建主义，反对封建孝道。但是，他对于孝道中敬老侍亲的合理道德精神，则采取了继承和发扬的态度。鲁迅对父母很孝敬，24 岁那年，鲁迅在日本接到母亲"有病速回"的信后，立即起程赶回家乡。鲁迅在北京任职后，又马上将母亲从浙江绍兴家乡接出来赡养。母亲病了，鲁迅立即亲自送她老人家住院就诊，又亲自为母亲取药。鲁迅在外面买了水果、点心回家，首先请母亲挑拣品尝。鲁迅的著作《呐喊》出版后，他首先给母亲呈上一本。母亲看了之后，鲁迅请母亲指教，老太太答道，还可以，但没有什么意思。鲁迅诺诺不语，厚道地笑了。鲁迅知道母亲喜欢看才子佳人小说，就特地买了许多送给母亲。

鲁迅先生这样对母亲孝敬，是他热爱母亲的真情流露，是他一片赤子之心的真诚反映，是他高尚人格的具体表现。我们每一个人，都应当像鲁迅先生那样，尊敬父母，尊敬老人，树立起敬亲尊老，人人友爱的社会新风尚。

跪乳之恩　反哺之义

据说小羊羔吃奶时要用跪地姿式，来感谢母羊对自己的哺育之恩；乌鸦要用口衔着食物去喂养年老不能飞行的乌鸦妈妈，以尽自己赡养母鸦的义务，这说明连动物也"懂得"孝道，何况人乎？

"羊有跪乳之恩，鸦有反哺之义"是用比喻的手法，教导人们千万不要忘记父母对自己的抚养之恩，自己也不要忘记对年老的父母尽赡养之义。

中国古代儿童启蒙读物《劝报恩亲篇》一开始就说道：

"天地重孝孝为先，一个孝字全家安。

为人须当孝父母，孝顺父母如敬天。"

结尾时又概括起来：

"父母恩情深似海，人生莫忘父母亲。

生儿育女循环理，世代相传自古今。

为人子女要孝顺，不孝之人罪逆天。

家贫才能出孝子，鸟兽尚知哺育恩。

父子原是骨肉亲，爹娘不敬敬何人。

养育之恩不图报，望子成龙白费心。"

正由于中国古代十分重视孝道，所以也涌现了许多芳名留世的孝子。下面我们介绍几例。

以前，有个孝子名叫剡子。父母年老时，一双眼睛患病，十分痛苦，希望吃到一些鹿乳，以治眼患。

为了得到鹿乳，剡子不顾危险，身穿鹿皮，进入深山，扮作小鹿，入鹿群之中，取得鹿乳回去供双亲饮食。有一次，被猎人发现，以为是只野鹿，张弓向他射来。就在这千钧一发之时，剡子站起来，解开鹿衣，将实情告之，猎人听后十分感动，方解中箭之危。

这个故事叫《鹿乳奉亲》。下面再说《子路背米孝双亲》。

子路是孔子的学生。他性格爽朗、好勇，喜欢别人告诉他自己的过错，是春秋时鲁国有名的孝子。他年轻的时候，家里很穷，但他对双亲的孝顺却是尽心尽力的。他自己吃野菜和蕨菜做的面团子，但起早贪黑地到百里之外的集市去买米，背回来给二位老人做饭吃，从不让二位老人与自己吃一样不好的东西。

子路常对人说："背着沉重包袱走远路的人，就会不选择地点而休息；家里穷，双亲年老的人，就不论挣多少钱而参加工作。二位老人去世后，我往南去到了楚国，受到了楚国的重用，跟随我的车达到一百多辆；我积攒的谷子有几十万担；坐车铺的垫子，一层接一层，吃饭的时候，摆列着多少个鼎挑着吃，可以说是既富且贵了。这时，我却愿回到自己吃野菜和蕨团子、给二位老人到百里以外的集市上去买米回来同父母一起享受欢乐的时候，可是不能再得到了。这就像是'枯鱼过河泣，何时悔弗及'啊！二位老人寿数有限，倏忽之间如白驹过隙一样，转眼就过去，这就像草木想着不衰谢，可是霜露不允许啊，孝子想要孝敬老人，可是二位老人不能等待啊。没能及时孝敬老人，时机一过，后悔也没用了。"

最后说《缇萦上书救父》：

缇萦，是汉文帝时太仓淳于意的小女儿。她父亲淳于意，是个精通医道的有名医生。在回到家乡行医后，远近患者纷纷前来就医，使他应接不暇。但他不愿替权贵治病，如遇此种情况他就躲避起来。他当时担任着管仓官员，故被以擅离职守罪处"肉刑"。当时的"肉刑"是一种"断肢体，刻肌肤"的酷刑。为照料父亲，缇萦跟随押送父亲的囚车一同来到长安。她想到将遭受肉刑的父亲，不仅自己将终身残废，还会使全家人以及亲戚朋友都十分痛苦，而每年像父亲这样被判肉刑的人何止成千上万。于是她鼓足勇气上书汉文帝，信中陈述了肉刑给犯人及家属带来的巨大的肉体和精神折磨。而且断肢刺字，使犯人想改过自新也不能了。她还说，如果皇上一定不肯废除肉刑，自己愿意卖身充当官婢，替父亲赎免肉刑。汉文帝看了这封理直气壮、情真意切的上书，很受感动，就下诏废止刑。淳于意也得免肉刑，回家与女儿团聚。

缇萦由孝敬父亲，进而挺身为普天下遭同样痛苦的人呼救，这样的精神不能不让人敬服。

不求金玉重重贵　但愿儿孙个个贤

"求金玉重重贵，但愿儿孙个个贤。"意思是说：不应当去追求财产的富有，子孙的荣华，而应当使后代个个成才，成为于国于民有用的贤能之人。

这的确是一种高见，也是一种难得的思想。尤其是在私有制的古代社会里，这种见解，不愧为真知灼见。家庭的荣华富贵，只利于一家；子孙能够成为对国家和人民作贡献的人，则利于千万家。况且，物质财富难长久，精神贡献则永恒。宋人林逋指出："为子孙作富贵计者，十败其九，为人作善方便者，其后受惠（替自己的子孙后代筹划富贵的，十个当中有九个要失败；为周围的人做好事、行方便的，他的后入一定会得到好处）。"汉代王符也指出："子孙若贤，不待富多；若其不贤，则多以征怨（子孙如果是有才德的，不须财富多；如果他没有才德，财富多了就会召致怨恨）。"劝告为人父母的，对待子孙，应注重教育他们成为德才兼备的人，为国为民作贡献，这才是眼光远大的。

怎样把弦子培养成为德才兼备的人，我们的前贤们也有自己的选择。孟子的母亲很重视环境的影响，为了选择合适的邻居，曾经三次搬家。后来孟子成为伟大的思想家、教育家，并提出"老吾老，以及人之老，幼吾幼，以及人之幼"的主张，这与母亲的良好教育是分不开的。

《颜氏家训》被奉为我国古代治家的道德经典。作者颜之推亲眼目睹了魏晋以来，那些世家子弟放任骄纵，奢侈享乐，以致在战乱中束手无策，最后"倾家覆族"的悲剧。他提出千万不能对子女不加教育而一味溺爱，否则是害了他们。他还主张"积财千万"不如读书修身，这也是很有见地的。明末抗倭名将戚继光，从小就受到父亲"爱而有教"的辛勤培养。其父戚景通晚年得子，非常钟爱，殷切期望孩子能光宗耀祖，故起名继光。为了达到这个目的，戚景通很注重儿子的思想品德教育。一次，外祖父送给小继光一双十分考究的丝绸鞋，母亲叫儿子穿上，戚景通见了，说从小穿这么好的鞋会养成追求吃穿的习惯，将来带兵打仗，就会侵吞军饷，给将门世家抹黑。当即叫儿子换了鞋，不许再穿。

戚景通总是以身作则。他知识渊博，武艺高强，也是有名的将领，但是他并未给儿子留下家产，留下的只是自己写下的军事论著和保国为民、清操自守的一身正气。有这样的父亲这样的爱，戚继光和他指挥的"戚家军"终于彪炳史册。

朱德一生为中国革命事业建立了无数丰功伟绩。但他从不对子女讲自己有什么功劳，也绝不允许儿孙们凭借他的功劳搞特殊。他经常告诫孩子们："躺在老一辈功劳簿上，就会成为资产阶级的少爷。"

朱德的儿子朱琦，1937 年就参加革命，并在战争中负过伤。解放初期，朱琦从部队转业到地方时，朱德对他说："你对部队工作比较熟悉，到地方就不同了。你应该先到基层去锻炼，从头学起。"于是，朱琦来到石家庄铁路局后，遵照父亲的教诲，开始当练习生，后来当火车司炉和司机。朱德知道后，高兴地对儿子说"你学会了开火车，这很好，学到一门技术，就应该更好地为人民服务。"

朱德不仅注意教育儿女，对于孙子们的成长也亲自过问。

朱德孙子朱全化，原在北京海军司令部工作。朱德多次要求把他调到外地基层部队去。当时部队考虑到朱总身边子女少，没有把朱全化调离北京。朱德知道这个情况后，便对司令部的同志说："我要的是无产阶级革命事业接班人，不是少爷小姐式的孝子贤孙。"后来，朱全化调离北京到外地的基层部队工作。当时，正值农历腊月二十九，朱全化想陪爷爷奶奶一起过了春节再去报到。朱德听了后，又严肃又疼爱地对他说："不行！一个解放军战士，必须模范地服从命令，听从指挥，必须增强革命纪律性。还是到部队去过春节吧，那里更有意思。"听了爷爷的话，朱全化于腊月三十日愉快地离开了北京。

可见，尊老爱幼不仅是治家的道德规范，尊老爱幼风尚的形成还有助于提高全民素质，有助于整个社会的文明进步。

孝顺还生孝顺子，忤逆还生忤逆儿

"孝顺还生孝顺子，忤逆还生忤逆儿。不信但看檐前水，点点滴在旧窝池。"意思是说，你对父母孝顺，子女也会对你孝顺；你对父母忤逆不孝，子女也会学你一样忤逆不孝。这你就看檐前雨水，昨天滴在那里，今天仍滴在那里。

道德教育，重在身教。因此俗话说："言教不如身教，身教重于言教。"也就是说，道德教育中，榜样的力量是巨大的。尤其是教育者、为人父母者、领导者的榜样对受教育者具有很大的影响作用。汉代韩婴说："贤母使子贤也（贤良的母亲也会使儿妇贤良。）"《左传》有话："上之所为，民之归也（上层人物所做的，百姓也会跟着那样做）。"孟子说："上有好者，下必有甚焉者矣（上面有喜好什么的人，下面一定有喜好它喜好得更厉害的人）。"这就是上行下效。说明教育者、为人父母者、领导者应当注意以身作则。

董必武同志正是这样去教育儿女们的。

一张纸、一支笔、一把旧牙刷等，在一般人看来很平常，但是董老不仅自己厉行节约，艰苦朴素，而且常常就从这种点滴小事入手，教育子女的。有一次，董老在庭院散步，见桃树上流出了许多树胶，就用小刀细心刮下来，说是留作粘毛笔用。那时正上中学的女儿董良翚见了不理解，说："一支毛笔值多少钱，掉了笔头，再买一支就是了，何必自己粘！"董老则耐心地给女儿讲道理："一支笔是值不了多少钱，可它是劳动人民创造的财富，应当爱惜。不爱惜就是不尊敬工人、农民的劳动，就是不尊敬他们。一支笔既然粘粘还能用，扔掉它不是太可惜了吧？"

在董老的言传身教下，他的儿女潜移默化，也渐渐地养成了勤俭朴素的好作风。有一次，董老的一个女儿和几个同学在学校饭堂吃饭。吃完饭后，董老女儿发现自己桌前掉了两粒饭，她默默地拣起来吃了。同学们好奇地说："你没吃饱饭吗？要不要再去帮你打点饭？"

董老女儿摇摇头，轻轻念着："锄禾日当午，汗滴禾下土，谁知盘中餐，粒粒皆辛苦。"

听毕这首诗，同学们一切都明白了。

尊重师长　学而不厌

引　言

尊师重教是中华民族的传统美德，也是青少年应该具有的一种共产主义道德品质。

在我国，自古就有尊师重教的传统。《吕氏春秋·尊师》篇说："古代的圣人贤者，未有不尊师者也。"民间流传有"重九重九，买肉打酒，先给先生磕个响头"的习俗，老百姓认为"一日为师终生为父"，对老师十分尊重。

历史上，教育一是培养人成为社会有用之材，二是承前启后，积累、总结、发展文化，一代代地传下去。我国古代有对世界文明作出伟大贡献的杰出人物；我国的文化也以博大精深，独具特色而为世界瞩目，这些都与历代教育家的功绩分不开。其次，老师为人师表，也赢得了学生及社会的爱戴。我们党则更是一贯重视教师和教育事业，号召要"尊师重教"，并规定每年的 9 月 10 日为"教师节"，又具体制订和颁布了《教师法》。邓小平同志强调："不但学生应该尊重教师，整个社会都应该尊重教师。"这一切都充分体现了党对教师及教育的关怀。

尊师重教，不但要体现在对教师的尊敬和热爱，还要通过自己对学问的孜孜不倦的追求，以实际行动表现自己"尊师重教"。我们必须具有"学而不厌"、"谦虚谨慎"的学习态度，要专心学习，热爱学习。学习是一个艰苦而长期的过程，要想真正学到知识和学到本领，就必须刻苦学习，发扬锲而不舍的精神，进行不懈的探索。所以，广大的青少年必须珍惜大好时光，"莫等闲，白了少年头，空悲切。"只有现在努力学习，掌握了知识和本领，将来才能更好地为社会主义建设做贡献。

张良和老人的故事

张良是汉高祖刘邦的得力谋臣，为刘邦打天下立下了汗马功劳。

他年轻时虚心好学，尊重老人，尊敬师长。一天，他在回家路上，路过一座石桥，便坐在桥栏上休息。看到另一侧的桥栏上坐着一位老人。只见那老人神态飘逸，气度不凡。张良正想和他攀谈，忽然听到"啊呀"一声，张良一看，原来是老人的一只鞋子掉到桥下去了。

老人正想起身去取，张良充满了对老人尊敬之意，便立即跑下桥去，把老人的鞋子捡了上来。老人向他致谢，张良却说："不用谢，这是我们年轻人应该做的。我来帮你穿上吧！"说完他蹲下身子，替老人把鞋子穿上。

老人站起身来，看了看张良，便说："你这个年轻人不错，真是'孺子可教'。五天之后的早晨，你到这桥上来和我见面。"张良恭敬地答应了。

五天后，张良一起床就赶到石桥上去，可是远远看到老人已坐在石桥上等候了。老人见到张良后很不高兴地说："跟老人约会，怎么可以迟到呢？你五天之后再来吧！"说完就走了。

张良心里感到很惭愧，心想：是呀，哪有让老人等候年轻人的呢？暗暗下了决心：下次一定要比老人到得早。又等了五天以后，天刚麻麻亮，张良就来到了桥上。可是老人又已经在桥上等他了。老人见到他后说："你又迟到了，过五天再来吧！"

张良两次迟到，气得责骂自己，难道就真的不能到得早一些吗？五天又很快过去了。这一次张良半夜就起来到桥上去。去后，老人果然还没有来，张良就耐心地在桥上等待着，等到天快放明时老人来了。老人见到张良在桥上等着，就高兴地说："有作为的青年人就应该是这样的！"说完，拿出一部书来对张良说："这部书就送给你，拿回去好好学习，十年以后，你能成为一名出色的军事家。"老人说完就走了。

张良一看，原来是一部《太公兵法》，非常高兴，回家以后就刻苦钻研，掌握了很多战略战术，终于成了一名很有成就的军事家。

程门立雪

程颐是宋代著名的哲学家和教育家。游酢和杨时一开始就在程颐门下学习，他们非常佩服老师的学问渊博，对他极为尊敬。程颐也十分喜爱这两个尊师好学的学生，悉心向他们传授知识。

冬日的一天，游酢和杨时相约一道去拜望老师，请教学业。不想，走到半路，天就下起雪来，北风呼呼地刮着。雪越下越大，变成了鹅毛大雪，雪花纷纷扬扬落在他们身上。他们感到刺骨的寒冷，但一想到很快就要见到久别的老师，就忘记了寒冷，大步向前走去。

地上开始积雪，路越来越难走，两人走了好一阵，终于到了程颐的家。他们轻轻推开房门，看见程颐手里拿着一本书坐在椅子上睡着了。游酢和杨时想：老师日夜钻研学问，真是太劳累了，应该让他好好休息，不能惊醒他。

他们又怕老师着凉，于是就脱下了自己的衣服轻轻给老师披上。为了不惊动老师，两人悄悄地退到门外静静站着。

过了很久，程颐醒来，发觉身上盖着别人的衣服，睁开眼一看，见门半掩着，外面站着游酢和杨时。只见他们身上穿着单衣，脸冻得通红，但还是毕恭毕敬地站着。程颐连忙起身开门，心疼地说："你们来多久了，怎么还站在雪里，快进来吧！"他看外面的雪已下了很厚了，心想他们二人不知已站了有多久，心里被深深地感动了。

由于游酢和杨时虚心求学，尊敬老师，学问长进很快，学业上取得很大成就，后来都成为宋代的大学问家。

毛泽东尊师敬贤

毛泽东对过去教过他的老师一直是非常尊敬的。

徐特立是我国老一辈无产阶级革命家和教育家，早年曾在湖南长沙第一师范任教。1913 年，毛泽东在长沙第一师范求学时，徐特立是他的国文教员。

1921 年中国共产党诞生，徐特立在党的教育下，思想有了很大的进步，坚定树立了对共产主义的信念。1927 年，蒋介石发动了"四·一二"反革命政变，大肆屠杀共产党员和进步人士，白色恐怖笼罩全国，革命阵营内部一些意志不坚定分子开始动摇，有的退党，有的叛变，革命形势出现了低潮。但就在这个时候，徐特立毅然参加了中国共产党，并来到了江西瑞金的中央革命根据地，担任了临时中央政府的人民教育委员。长征开始，他不顾自己将近 60 岁的高龄，参加了举世闻名的二万五千里长征，并且不要组织照顾，和战士一样，徒步走完了全程。

毛泽东对徐特立是非常尊重的，特别钦佩他的革命精神。因此，当 1937 年徐特立六十寿辰的时候，毛泽东特地写了一封祝贺信，信里说："你是我二十年前的先生，你现在仍然是我的先生，你将来必定还是我的先生。当革命失败的时候，许多共产党员离开了共产党，有些甚至跑到敌人那边去了，你却在 1927 年秋加入了共产党，而且态度是十分积极的。从那时至今，长期的艰苦斗争中，你比许多青年壮年党员还要积极，还要不怕困难，还要虚心学习新的东西。"并在信中赞颂了徐特立的"革命第一、工作第一、他人第一"的崇高品质，号召全党同志向他学习。

毛泽东不仅尊重像徐特立这样积极参加革命的老师，而且对过去反对过他，并证明是反对错了的老师，也是采取尊重的态度。

毛泽东在长沙第一师范求学时，校长叫张干，这个人反对学生要求进步，不让学习马列主义著作。当时湖南省的省长兼督军叫张敬尧，是个大军阀，对人民实行残暴统治，敲诈勒索，苛捐杂税，弄得民不聊生。毛泽东和一些同学发动和领导了学生及社会各界人士的驱逐张敬尧的活动，这就是有名的"驱张运动"。张敬尧在人民的压力下终于下台，驱张运动取得了胜利。可是张干却以毛泽东不遵守学校秩序为借口，将他和其他一些进步学生开除了。

1949 年 10 月 1 日新中国成立，毛泽东担任了中央人民政府主席，这时，张干仍在长沙，并失业在家，生活很困难。当他听到毛泽东任中央人民政府主席的消息后，心中感到很恐慌，终日惶惶不安。有人将这个情况告诉毛泽东，毛泽东说："他过去做过一些错事，当然是不对的。不过他还是很有能力，三十多岁就当了第一师范校长，很不简单。对他还是要照顾的。"于是就亲自给湖南省人民政府写了信，要他们给张干安排适当的工作。不久，他又请张干和其他几位教过他的老师到北京去游览。并把孩子叫来，指着几位老师说："他们都是我的老师。你们都说你们的老师好，我的老师也是很好的呢！"

邓小平尊重老师

辛亥革命以后，中国的封建专制被推翻。当时的知识出现了一个留学热潮。一些人认为，法国的资产阶级革命比较彻底，一些科学新说也出自法国，所以主张去法国留学。

　　1912 年 4 月，蔡元培、吴玉章等人发起成立了留法俭学会，推动了赴法留学活动的开展。1919 年"五四"运动以后，留法勤工俭学活动迅速发展，重庆也开办了留法勤工俭学预备学校。邓小平就在这时来到了重庆，进入了留法预备学校。

　　预备学校是由重庆商会会长汪云松任董事长。他是重庆留法勤工俭学的功臣。从建立学校、筹募资金，办理签证，直到最后送学生赴法，他都是亲力亲为，极尽热心。他的热忱给学生们留下了深刻的印象。他的学生几十年后都没有忘记他。

　　1949 年重庆解放后，邓小平担任了西南军区政委。一天，特地派车把汪云松接到军区，请他吃饭。汪云松回去后很高兴，逢人便说："小平真不错呀，我现在才晓得，共产党也不忘故旧。"1950 年第二届全国政协开幕，汪云松应邀去北京列席。会后，在中南海怀仁堂举行宴会，汪云松和邓小平、陈毅坐在一桌上。邓小平热情招待，宴会后，陈毅用自己的汽车送汪云松回招待所。

汪云松不仅爱国，解放后也爱共产党。他有一对心爱的古瓷瓶，在毛泽东生日的时候，他在装瓶子的楠木盒子上刻上"东方红"三个字，送给毛泽东并为之祝寿。但中国共产党领导人是不祝寿、也不收寿礼的，中央统战部不准备接受。这事让邓小平知道了，他告诉统战部"要了解汪云松"，于是作为特例，统战部收下了这份礼物。邓小平还对统战部的同志说：汪云松为我们培养了两个副总理——指邓小平和聂荣臻。

卢思道学而不厌

北齐诗人卢思道小时候口齿伶俐，说起话来滔滔不绝，但不肯下功夫刻苦读书。

卢思道 16 岁的时候，一天，他去看望当时著名文人刘松。刘松的文章写得挺不错，便随手抽出一篇文章，让卢思道读读看，并希望卢思道提出意见。卢思道看了好几遍，有不少地方读不懂，急得涨红了脸，十分尴尬。

这件事给卢思道震动很大，从此他在家里刻苦攻读，又拜当时的著名学者、文学家邢邵做老师。在两年时间里，卢思道读了不少书，文章也写得比过去好多了。他作了一篇文章，送去给刘松看，这回刘松看了几遍，竟然不能完全看懂。于是刘松拍拍卢思道的肩膀说："老弟，你的学问长进可真快呀！"

卢思道也感叹地说："这是学习的结果。看来，只有刻苦学习，才能每天有进步，这话不假呀！"

从此，卢思道学习更加勤奋。除了向邢邵学习，又去向另一位学者、文学家魏收求教。转益多师，广收博采，后来自己也成了一名学者和诗人。从北齐到隋初，他一直活跃在文坛上。

知道自己不足，然后刻苦攻读，学而不厌，这是肯定有出息的。

茅盾孜孜不倦

茅盾，是中国当代著名的文学家。他原名沈德鸿，字雁冰，1895 年 7 月 4 日出生于浙江桐乡的乌镇。

茅盾从小酷爱读书。平时，母亲给他三元五角零用钱，他大部分都用来买书和杂志。

有一年暑假，茅盾所在的湖州中学，组织学生坐小火轮和火车到很远的南京城参观。参观结束后，老师带着他们去著名的雨花台游玩。

雨花台附近的小路边有许多小摊，摊上摆满了各种各样美丽漂亮的雨花石。同学们都买了许多准备带回家去。茅盾也挑了一枚色彩鲜艳、光滑圆润的雨花石仔细端详着，越看越喜欢。可他一问，价钱贵得惊人。茅盾心想：身上仅有的这些钱原是打算买书的，买了雨花石，怎么买书呢？他考虑再三，只买了几枚普通的雨花石。

从雨花台回来，茅盾又和几位同学来到书店里，书店里堆放了许多书，茅盾不知道哪一本书好。看了一会儿，他翻到了一本古人刘义庆编写的《世说新语》，就站在书柜旁边，贪婪地看起来。一个个新鲜有趣的小故事把茅盾深深地吸引住了。不知不觉天暗了下来，书店里点起了灯，茅盾在昏暗的灯光下继续津津有味地看着。

几个同学找遍了整条街，终于在这家书店里找到了茅盾，他们连着催了好几遍，茅盾这才合拢了书。他花钱把书买了下来，又挑选了另外几本，才和同学一起回到了旅店。

在回湖州中学的旅途中，大家有说有笑，只有茅盾一个人静静地坐在一边看《世说新语》，两天两夜的路程，茅盾居然把这本书读了两遍。

回到湖州中学后，茅盾心里非常高兴。他现在知道了，中国历史上还有这么多引人入胜的小故事。他觉得，这是南京之行的最大收获。

赵九章坚持不懈

赵九章早年留学德国，获得了博士学位，成为我国闻名世界的动力气象学家、地球和空间物理学家，在许多重要的科学领域，为祖国做出了卓越的贡献。

很小的时候，父母就送他去私塾读书，凭着他的聪明和勤奋，在学校学习成绩始终名列前茅。

14岁时，家境越来越差，父母也拿不出钱供他继续读书了，赵九章只能到一家小店去当学徒。白天给老板干活，尽管累得精疲力尽，可夜里仍坚持学习。

一天深夜，赵九章独自一人在店铺里埋头读书。老板娘起来上厕所，她看见从店铺里透出一缕灯光，走近一看，不由得火冒三丈，立即破口大骂起来："你这个该死的东西，深更半夜还不睡觉，点灯耗油干什么？"

赵九章没有办法，只得吹灭了油灯。

怎样才能点灯不让老板娘发现呢？赵九章想出了一个

十分巧妙的办法，他削了几根细细的竹篾，用竹篾扎成一个罩骨架，然后一层一层，厚厚地糊上十几层纸。一个上尖下圆的灯罩做成了。赵九章又在灯罩一侧开了一个蚕豆大的小孔，让光线从小孔里透出来照在书上。可是孔开得太大，就容易被老板娘发现，开得太小，透出的光线只能照亮两三个字。赵九章只得不断移动书，几个字、几个字地读。这样，每天晚上赵九章躲在自己的小阁楼里坚持刻苦学习。

终于，在半年多时间里，赵九章自学完了初中物理学。后来在他姑母的资助下考入了中州大学附属高中。

李密牛角挂书

隋朝时，有位少年名叫李密。他是隋朝名将蒲山公李宽的儿子。

李密读书非常用功，他十分珍惜时间，整天埋头苦读，连家门都很少出。他决心通过努力，把宫廷中浪费的时间补回来。

李密在父亲的影响下，特别喜欢读兵法书。他夜以继日，孜孜不倦地攻读《孙子兵法》等古代军事著作，不但把书中的内容背得滚瓜烂熟，而且连注释都能背诵下来。

和兵法有关的历史书，李密也喜欢读。在读《史记》、《汉书》一类的书籍时，他不弄清历史事实决不罢休。为此，他特地拜包恺为师，读书中遇到疑难总是就虚心上门请教。

一天，李密正埋头攻读《汉书·项羽传》，读到一半，对有些史实感到疑惑，准备去找包恺老师问个究竟。他刚合上书本，转念一想："我还有好多书没有读完，走路耽误了看书时间，多可惜！"

他想出了一个好办法。于是拿起《汉书》，快步跑到牛棚里，从牛棚里牵出一头大黄牛，在牛背上铺上草垫子，然后把《汉书》打开挂在牛角上。

他一跃跨上牛背，一手提着缰绳，一手翻着书，边走边读，向老师那儿走去。

老黄牛走得很稳，李密专心地看着书。见此情景，路上的人都向李密投来惊奇和赞叹的目光。

这时，正好越国公杨素骑着马从后面过来。他从来还没有看见过有人牛角挂书而读。他打马从后面追了上来，问："你是谁家的学生，这么好学？"

李密抬起头，一看是越国公杨素，连忙从牛背上跳下来。他恭恭敬敬地向杨素行了礼，回答说："我叫李密，是李宽的儿子。"

杨素又问；"为什么要边走边读呢？"

李密认真回答："我怕走路耽误了看书呀！"

杨素看见李密这么好学，对他大加赞赏。

后来李密终于成为一个精通兵法的人。隋朝末年，他参加了起义军，成了起义军的领袖。

刚正不阿　无私奉献

引　言

什么是廉洁呢？古人说："不受曰廉，不污曰洁。"即不贪污受贿，才称得上廉洁，也才可能奉公敬业，做出政绩。清正廉洁，无私奉献，包含哪些内容？它是指：品行方正，志趣高洁，简约俭朴，淡于财欲，勤劳奉公，尽职尽责，刚正不阿，执法不苟；以天下为己任，洁身奉献，关心人民疾苦，公而忘私，鞠躬尽瘁，死而后已。它历来是中华民族的传统美德。

今天，无私奉献更成为一种崇高的共产主义道德品质。它要求我们完全为人民为国家和集体着想，毫无自私自利之心，绝不为自己着想；它要求我们的一言一行都必须以是否有利于国家、人民和集体的原则，不论什么情况下，都应首先考虑到把国家、人民和集体利益放在第一位，必要时应以牺牲个人利益甚至个人生命来维护集体利益。无数为国捐躯和为社会主义建设而忘我奋斗的革命先烈、英雄模范人物，一心为公、一心为民，充分表现了无私奉献的崇高品德。

清正廉洁，无私奉献的仁人志士，历来为人们所称颂。古代大禹治水，三过家门而不入，传为千古美谈。那些出污泥而不染、洁操自守、刚直不阿，不贪于利、高风亮节的清正廉洁的历史人物也受到了大家的肯定。到了近现代，为中国人民的解放，为中华民族的振兴，为社会主义现代化建设事业的发展而忘我工作、无私奉献、全心全意为人民服务、拒腐蚀永不沾的人民"公仆"和普通百姓，更为当代人们所推崇和讴歌。

我们青少年一代在今天该如何继承发扬"清正廉洁，无私奉献"的传统美德呢?

1. 陶冶自己的情操，树立以天下为己任，公而忘私，洁身奉献的思想。

2. 培养自己"富贵不能淫，贫贱不能移，威武不能屈"的高尚品德，使自己具有刚直不阿，不畏权贵，不向邪恶势力低头屈服的坚强性格。

3. 有强烈的正义感，主动向坏人坏事作斗争，有勇于献身精神。

4. 廉洁奉公，按规章制度办事，遵守法纪。

5. 生活俭朴，不追名逐利，不作拜金主义、享乐主义的信徒。

廉洁奉公　利国利民

廉洁奉公、报国为民是中华民族历来称羡的崇高品德。我国历史上有许多这样的仁人志士，他们高尚的情操至今仍值得我们学习。

明朝的民族英雄于谦，不仅以爱国献身精神传于后世，也以廉洁奉公的道德品质而青史留名。于谦担任过江西道监察御史、兵部右侍郎等职。每次进京述职，他从不行贿送礼，这与当时贪污、贿赂成风的官场格格不入。有人劝他不送金银，送点土特产算个人情，于谦爽朗答道："我只带去两袖清风。"他治理黄河，兴修水利，贷粮济贫，惩治贪官，为人民做了许许多多实实在在的好事。在后来的京师保卫战中更是临危受命，舍身忘死。而当他被陷入狱时，查抄他家的人吃惊了：身居要位的于谦竟一贫如洗，家中只有几箱书籍！"要留清白在人间"的于谦被杀的消息传出后，京城父老闻声痛哭，人们深深怀念于谦廉洁奉公、报国为民的高尚品德。

喝下"贪泉"水　高洁志不改

这是东晋时候的故事。皇帝下诏书，要吴隐之去广州任刺史。

当时的广州辖境相当于今天的广东、广西两省大部分地区。这里开发得比较快，物产丰富，比如当地的珍珠，转运的象牙，山珍海味，名贵药材，多得很。据说，只要从当地带一小箱珠宝珍异返回内地，就足够供子孙几代挥霍享用。前后出任广州刺史的，在任期内多以搜括财宝为务，没有不发横财的。所以，历来有"广州刺史但经城门一过，便得三千万"的说法。难能可贵的是，吴隐之并未因此丧失清正廉洁的情操。

元兴元年（402 年）春，吴隐之带着家人南下赴任。上任途中，一天，到了广州城北的石门。石门有眼泉水，人称"贪泉"。据说凡是喝过贪泉水的人，都要丧失廉洁之性，变得贪婪无厌。因此，大凡经过石门的人，为了标榜清白，宁可忍着口渴，也不稍占一下"贪泉"水。吴隐之却偏偏不信这种邪说，他走到"贪泉"，径直俯身从泉边舀了一杯水，当众一饮而尽，并赋诗一首念给大家听。

诗的意思是："从来说这泉上的水，一沾唇就贪心无厌，如果让品行高洁的伯夷和叔齐喝下去，定不会改变初衷的。"

大家知道，这是新刺史当众做出的承诺。果然，吴隐之说到做到。到任后，对自己督责更严，生活俭朴，只用青菜或干鱼下饭。除维持简单生活之外，一切收入都缴给公库，对政务则是昼夜操劳，严明法纪。

吴隐之为官几年，卸任北归时，行装几乎没有什么添置。路上，还闹了一段小插曲，他的妻子刘夫人，私下节衣缩食，买了一斤沉香，打算回到北方换点钱补贴生活，快到家时，被吴隐之发现了。他问明情况，生气之余，随手抄起了沉香，扑通一声、扔进了深深的湖底。

廉洁耿直　拒绝赠礼

王安石是我国北宋时期的政治家、文学家。他曾任宰相，大力推行变法革新运动，列宁曾把他称为"中国十一世纪时的改革家"。

王安石为人廉洁耿直，在这方面，流传于世的两则轶闻可以说明。

王安石曾患严重气喘病，据说，发病时服用紫团参有显著疗效。王安石一手提拔的薛向，正巧调京任职，他来自人参产地，听说宰相治病需要，就带来几两这种珍贵的紫团参赠给王安石。王安石婉言谢绝了。有一个好心人劝他："王大人，您的病非得用此药不可，还是不要辜负了薛官员的好意。"王安石幽默以对："我平生没有紫团参，不是也活到今天吗？你们不用为此操心了。"

王安石生来脸黑，他的一个"新党"的朋友吕惠卿等几个人到处张罗，无微不致地为他求医问药，送来澡豆给他洗脸时试用，他们以为王安石一定会高兴地接受。不料王安石诙谐地拒绝了："我的黑皮肤是天生的，用澡豆洗脸又有何用。"

一个人只有进入清正廉洁的道德境界，才能一尘不染，信服于民。

不谋私利　只为祖国

"不谋私利，但为祖国"是我国著名气象、地理学家、中国科学院副院长竺可桢先生的可贵品质。

根据工作需要，国家给竺可桢先生配了一辆"吉姆"车。他却总是每月买两张月票，一张是公共汽车的月票，一张是北海公园的入门票。除了接送外宾、开会或有急事用小车外，他大部分时间总是步行上下班。从他家到中国科学院院部，必经北海公园，他上下班时，都从北海公园穿过，一来可留心观察物候，二来可练练腿力。十余年从未间断。他回家后，就将各种物候现象记录在案，积累了很有价值的科研资料。

凡办私事，如去医院、上街买东西、逛书店、游园等，他一律不用公家汽车，而是安步当车，或乘公共汽车。他更不允许家属、孩子坐他的小车。

他说："我这样做，一是想为国家节省汽油，不要给司机增添麻烦；二是不让孩子们染上特殊化的坏习气。"

文革后，他要求减薪三分之一，组织上未同意，他就每月将工资的三分之一另外储存起来。临终前，他留下遗嘱：将连续八年中积下的这笔钱，全部作党费上缴。

只有廉洁奉公，不谋私利，一心为国的人才能做到这样。竺可桢高尚的品质永远值得我们学习。

公而忘私　国家栋梁

春秋时代，晋国的君主晋平公，在选拔县令时，拿不定主意。他问大夫祁黄羊，说："南阳县缺个县令，你看让谁去做合适呢？"祁黄羊不加思索地说：

"解狐最合适。"晋平公知道祁黄羊与解狐有仇，惊诧地问："解狐可是你的仇人，你怎么举荐他呢？"祁黄羊说："你是问我谁做县令合适，而不是问我谁是我的仇人。"晋平公采纳了祁黄羊的意见，派解狐做县令。国人都拍手叫好。

事过不久，晋平公又问祁黄羊，他说："目前军中正缺一员武官，你看谁能胜任？"祁黄羊干净利索地答道："祁午最好！"晋平公连忙问："祁午可是你的儿子！"祁黄羊很平和地说："你问我谁能当武官，不是问我谁是我的儿子。"
晋平公叫声好。祁午上任后，国人也都叫好。

后来孔子知道了这件事，他认为祁黄羊推荐人才，既
不避仇人，也不避亲人，而完全出于德才考虑，这可以称
得上是公而忘私了。

"公而忘私"就是这样引伸出来的。常指为了公共事
务，不考虑自己的私事。

大公无私，公而忘私，任人为贤的人乃是国之栋梁
之才。

无私奉献是最高的道德境界

在我国，被誉为"两弹元勋"的邓稼先，为了祖国的
强盛，为了试制祖国的核武器，毅然告别妻子儿女，到了
茫茫戈壁中的军事区，忘我工作 28 年。28 年过去了，中国
有了自己的核武器，而邓稼先却被癌魔夺去了生命。在生
命的最后一刻，邓稼先对妻子欣慰地说："我死而无憾！"

然后安祥地合上了双眼。邓稼先把人生最美好的时光全部献给了戈壁滩，把自己的聪明才智全部献给了祖国的国防科学事业。他拥有青春却没有享受到浪漫，拥有家庭却没有享受到温馨，拥有宝贵的生命却过早地消逝了，这是多么的遗憾啊！可为什么他自己却说"死而无憾"呢？因为他从来没有想到自己的利益，只想着祖国和人民的利益！这就是崇高精神的力量，这就是大公无私的光辉典范！

大公无私是无产阶级的最高道德境界，这是无产阶级的本质和历史使命所决定的。无产阶级同社会化大生产相联系，是先进生产力的代表，是最富有革命的彻底性和纪律性的阶级。无产阶级的历史使命是推翻资本主义，实现共产主义。无产阶级以天下为已任，这就产生了大公无私的共产主义道德品质。

作为一种共产主义的道德品质，大公无私在现阶段还不能要求所有的人都做到。但作为无产阶级的先进分子，则必须自觉以大公无私作为行为规范。我们广大青少年也该自觉地去实践。今天，我们应在全社会提倡，大家都争取具备大公无私的品德。共产主义是社会主义的高级阶段，共产主义道德与社会主义道德是紧密相连的。我们提倡大公无私的道德风尚，既是搞好现阶段道德建设的需要，也是推进道德建设逐步向高层次发展的需要。

雷锋精神激励我们向前进

雷锋，是在党的哺育下，在人民军队里成长起来的一位平凡而伟大的共产主义战士。雷锋精神就是共产主义精神。周恩来总理曾对它作了精辟的概括："爱憎分明的阶级立场，言行一致的工作作风，公而忘私的共产主义风格，奋不顾身的无产阶级斗志。"

雷锋原是中国人民解放军沈阳部队某部班长，于 1962年 8 月 15 日因公殉职。他虽然只度过了短短 22 个春秋，可那闪耀着共产主义思想光辉的崇高精神却长留人间。1963年 3 月 5 日，毛泽东同志亲笔题词："向雷锋同志学习"。

30 多年来，雷锋同志一直是我们学习的好榜样，雷锋精神成为激励人们勤奋工作、无私奉献的强大动力。

雷锋精神是中华民族传统道德和共产主义思想的结合，它的核心是全心全意为人民服务，无私奉献。

雷锋坚持用共产主义世界观武装头脑，把共产主义思想落实在建设社会主义的平凡劳动之中，落实在日常生活的小事情上，落实在社会交往和人与人之间的互助互爱的关系中。在雷锋的日记里，字字句句闪耀着全心全意为人民服务的思想光辉。他干一行，爱一行，不仅不计报酬地、不讲定额地、不分份内份外地、自觉自愿地为集体、为人民的公共利益劳动、工作，而且始终如一地把为人民服务作为准则放在日常生活第一位，"把有限的生命投入到无限的为人民服务中去"。哪里有困难，他就在哪里出现，助人为乐的事迹举不胜举。他甘当革命的"傻子"，甘做"永不生锈的螺丝钉"，在平凡的岗位上作出了不平凡的事迹。他把自己的一生全部献给了共产主义事业。

一直来，雷锋精神在全国人民中产生了巨大的教育、鼓舞和激励作用。今天，我们的时代仍然需要雷锋，我们的人民仍然需要雷锋，需要全心全意为人民服务的无私奉献精神！

雷锋精神永远激励我们向前进！

信守言诺　说到做到

引　言

诚实守信，是指人的言行和内心思想要一致，不虚伪，讲信用。言行一致是指一个人说的和做的完全一样，不说假话、空话、大话，只要说了就要做到，信守言诺。

古代史书上说："言行者，立身之基，言出行随。"意思是说，说和做相一致是为人处世的基础。一个人怎么说的就应该怎么做。自古至今，人们都把这一条视为我们中华民族的传统美德。

诚实和守信两者是统一的，诚实是守信的思想基础，守信是诚实的外在表现。

中华民族历来崇尚诚实守信、言行一致。"言必信，行必果。""言顾行，行顾言。"这些广为流传的话都十分强调言行要一致，无论是立志、修身，还是为学、交友，都一直把这一要求作为立身的基本准则。"人无信不立"也就是说的这个道理。与此同时，古人对于那些不能做到"言行一致"的行为视为耻辱，并加斥责。孔子说："君子耻其言而过其行。"意思是说有高尚道德的人以言过其实、或说了做不到为耻辱。孟子说："戒之戒之，出乎尔者，反乎尔者也。"严厉批评了那种说的是一套，做的是相反一套的行为。

古代的一些仁人志士为了坚持诚实守信这一道德原则，往往不畏权势，不惜牺牲个人的一切。无论国家大事，还是日常生活小事，都不放松对个人的严格要求。古人这种崇高品质历来受到后人的称颂。

我们中华民族这一传统美德，在现代无产阶级革命家和爱国人士以及当代的一些优秀的青少年身上体现得更为突出。他们为了革命和群众利益，为了他人利益，不管是战争年代，还是日常生活，处处严格要求自己，说到做到，实实在在，一丝一毫不走样，在他们身上闪烁着我们民族传统美德的熠熠光辉。

那么，如何才能做到诚实守信、言行一致呢？

首先要明理，要从思想上真正认识到具有这一美好品德的重要性。它不仅对树立个人美好形象是必要的，而且是社会生活中人际交往的需要。每个人都需要有一个真诚友爱，相互信任的良好的社会环境，而这样的社会环境的创造，要靠每一个人的努力。因此，我们应当下决心把自己培养成具有这种品德修养的人。

再则，要培养诚实守信、言行一致的美德，必须在日常生活、工作、学习的实践中，自觉地从一举一动的小事上认真做起，要处处真诚待人，不说慌、不欺骗、不吹牛，踏踏实实地一点一滴地磨炼自己，养成好习惯。"勿以善小而不为"，品德的修养正是从看来无关紧要的小事开始的。

第三，要自觉地抵制社会上存在的一些错误观念和错误说法，如"老实人吃亏"，"不说慌办不成事"，甚至把诚实说成"傻",把某些不诚实看成精明。要能够随时批判各种错误说法，不受不良思想的影响。同时，还要不断地与个人的私心杂念作斗争，要做到在荣誉名利面前不说违心话，不办违心事，不欺人，不自欺，不贪功，不弄虚作假，不抬高个人贬低别人等。要表里如一，说老实话，办老实事，做老实人，决不能口是心非。

诚实守信是做人的基本原则

我们中华民族历来提倡重言诺、讲信誉。孔子说："人而无信，不知其可也？"意思是说：人如果不守信义，不知道他还怎么可以为人？儒家推崇的修身立德，就是讲做人的准则，即要做到忠信。当然忠和信都含有时代的色彩，我们把"忠"理解为具有坚定的信念、执著的追求；"信"则是诚实、信义。这是达到儒家"齐家、治国、平天下"的最起码要求。

三国时代的曹操，素以治军严明著称。一次行军途中，他下令："麦子已成熟，大小将士都要爱护，如有踏坏麦田的一律斩首。"结果是他自己的马受到惊吓，踏坏了一片麦田。自己当众说出的话和宣布的纪律难道自己就可以不照着做吗？曹操深知食言必不能服众，于是他用剑割下自己的一绺头发，以代替斩首的处罚。这样做决不是曹操的虚伪，要知道在古人看来，"身体发肤受之父母，不得毁伤。"作为一军统帅的曹操能以发代首，来彰明纪律，遵守承诺，是很了不起的。曹操的军队因军纪严明，英勇善战，很快取得了官渡之战的胜利。

春秋时期吴国的季札，以"墓树挂剑"受到人们的赞颂。季札奉命出使，途经徐国时，徐君设宴款待，见季札佩带的一柄宝剑非常名贵，很喜欢，但又不好意思开口讨赠。季札看出徐君的心意，暗自决定等出使回来后，就把宝剑送给徐君。哪里知道他返回时，徐君已经死了。季札很悲痛，他来到徐君墓前，祭拜后解下身佩的价值连城的宝剑，挂在徐君墓前的树上，转身离去。随从舍不得，认为当初季札并没有当面答应要送，现在徐君已死，宝剑挂在树上丢掉很可惜。季札却说："我当时在内心里已决定把宝剑赠送给徐君，现在他人虽然死了，我不能违背自己的心愿。我把宝剑挂在徐君的墓树上，正是为了实现自己曾在心中许下的诺言。"

这种一诺千金的例子，在中国历代有操行的士大夫身上都能找到。

诚实守信，言行一致，这是我们做人永远要遵循的准则。

一言既出　驷马难追

"一言既出，驷马难追。"大意是说，一个人说话要讲信用，负责任。已经讲出的话，四匹良马拉的车也追不回。

守信，是中华民族的优秀传统美德之一。自古以来，中国人都十分注重讲信用，守信义。孔子说："古者言之不出，耻躬之不逮也。"请代顾炎武也曾赋诗言志："生来一诺比黄金，那肯风尘负此心。"表达了自己坚守信用的处世态度和内在品格。因此，中国人历来把守信做为为人处世，齐家治国的基本品质，言必行，行必果。从而在中国历史上，涌现出许许多多讲信用，守信义的动人故事。

"千里赴约，恪守信用"是其中的故事之一。

故事说的是：东汉时，汝南郡的张劭与山阳郡的范式同在京城洛阳读书。学业结束分别的时候，张劭站在路口望着长空的大雁说："今日一别，不知何年才能见面……"说着流下泪来。范式拉着张劭的手，劝解道："兄弟，不要悲伤。两年后的秋天，我一定去你家拜望老人，同你聚会。"

落叶萧萧，篱菊怒放，这正是两年后的秋天。张劭突然听见长空一声雁叫，牵动情思，不由自言自语地说："他快来了。"说完赶紧回到屋时，对母亲说："妈妈，刚才我听到长空雁叫，范式快来了，我们准备准备吧！""傻孩子，山阳郡离这里一千多里，范式怎会来呢？"她妈妈不相信，摇头叹息："一千多里啊！"张劭说："范式为人正直、诚恳，极守信用，不会不来。"老妈妈只好说："好好，他会来，我去做点酒。"其实老人并不相信，只是怕儿子伤心，宽慰儿子而已。

约定的日期到了，范式果然风尘仆仆的赶来了，旧友重逢，亲热异常。老妈妈激动地站在一旁直抹眼泪，感叹地说："天下真有这么讲信用的朋友！"

讲信用，守信义，是立身处世之道，是一种高尚的品质和情操，它既体现了对人的尊敬，也表现了对自己的尊重。反之，言而无信，自食其言，不仅欺骗了他人，也作贱了自己。结果，不仅得不到人们的信任，也为世人所鄙视，故俗话说："人而无信，不知其可也"；"言而不信，不可与交也"。一个人落得无人信任，没有人愿与他结交，不是很可悲的吗？！

诚实谦虚　　不断进取

诚实就是尊重客观事实，襟怀坦白，言行一致，表里如一。谦虚就是实事求是地看待自己，有自知之明，并能虚心向人学习。诚实和谦虚都是中华民族的传统美德，也是今天社会主义社会要求我们每个人都应做到的道德品质。

古时候，有一个人非常诚实，名叫曾子。一天，他的妻子要出门，孩子闹着要一起去，他的妻子就哄孩子说："乖乖，不要闹了，妈妈出去一下就回来，回来杀猪给你吃。"孩子不哭了，她就出门去了。等她回家时，看见曾子正准备要杀猪，大吃一惊，急忙拦阻说："我只不过是哄孩子的，你怎么就真的要杀猪了？"曾子说："怎么能在孩子面前撒谎呢？只有说话算话，才能培养孩子诚实的品格。"说着，就把猪杀了。妻子一想，丈夫做得对，从此也再不乱哄孩子了。

诚实的人是受人尊敬的人，也是聪明的人。诚实的反面是欺骗。骗子往往自以为很聪明，其实很愚蠢。道理很简单：只骗得了一时，骗不了一世，狐狸终究会露出尾巴的。欺骗就好比雪里埋东西，太阳一出来，骗局就会真相大白。

今天，我们要求的诚实，是要忠诚待人，相互信赖；是要遵纪守法，忠诚老实；是要勤奋刻苦，扎实学习；是要专心工作，认真踏实。

谦虚是使人不断进步、获得成功的重要因素。古人说："满招损，谦受益。"伟大领袖毛泽东也说："虚心使人进步，骄傲使人落后。"意思都是说骄傲会使人遭受损失，谦虚能使人获得益处。因为，只有谦虚的人，才会努力不懈，才会积极进取、锐意奋进，也才会因此而获得成功。

谦虚的人，总是在看到自己长处的同时看到自己的短处，看到自己取得的成绩的同时又知道这对于伟大事业来说只不过是一砖一瓦而已。伟大的科学家牛顿发现了万有引力定律后，人们赞颂他的光辉成就，而他却说："自己不过是一个在海滨玩耍的孩子，捡到了几片贝壳而已。"多么谦虚的人啊。

谦虚的人，还总是虚心向人学习。只有善于发现他人的优点和长处，虚心向人学习，取人之长，补己之短，才能为自己的成功和进步创造更好的条件。孔子说：三人行，必有我师。

让我们养成诚实谦虚的品德，在人生的道路上不断进步。

修身立德　实现价值

引　言

　　青少年是继往开来的一代，是祖国的未来和希望，要肩负起历史的重担，就必须加强自我修养。

　　什么是修养呢？"修"是切磋琢磨，有改正错误、整治、提高的意思。"君子如切如磋，如琢如磨"是说君子的人品如同经过雕琢的金石美玉。"养"是涵养性情或陶冶情操，有培养形成的意思。修养就是指人们在政治、道德、学术以至技艺等方面所达到的水平以及经过长期努力所获得的能力和思想品质。

　　什么是道德修养呢？道德修养是指人们按照一定社会、一定阶级的道德和规范要求在道德品质、道德原则和规范要求在道德品质、道德情感、道德意志、道德习惯等方面自觉地进行自我改造、自我陶冶、自我锻炼，从而使自己成为一个具有高尚道德境界的人。

玉不琢不成器

"玉不琢不成器。木不雕，不成材。"世界上没有天生的完人，只有经过艰苦的磨炼与修养，才有可能成为德才兼备的人。因此，一切立志有所作为的人都十分重视道德修养。

美国科学家、政治家富兰克林青年时期就注意从点滴严格要求自己。他发誓：无论在何时都要过没有错误行为的生活。为此，他下决心克服一切自然倾向、习惯或伙伴的诱惑。他给自己制定了一项包括 13 个项目的道德修养计划，然后严格地逐条加以实行。比如：为了矫正他当时正在形成的空谈和好说笑话的习惯，他列了"沉默"一条，要求自己做到非于人于己有利之言不说，避免无意义的闲谈。为了保证更多的时间用于学习，他又列了"秩序"一条，并拟了一天 24 小时的时间分配计划，几点起床，几点吃饭，几点阅读，使生活始终有条不紊。后来当一位朋友说他常常显露骄傲时，他又把"谦逊"加入其中。富兰克林说这种自我锻炼就好比"除杂草"，开始时虽然不容易，但慢慢地就养成习惯了。

周恩来在中学读书的时候，为使中华崛起，严以律己，要求自己在读书、交友、学业、习师、光阴五个方面"不虚度"。他在 45 岁时还为自己了七条自我修养原则。这些修养原则对我们今天仍然很有借鉴意义：（一）加紧学习，抓住中心，宁精勿杂，宁专勿多。（二）努力工作，要有计划、有重点、有条理。（三）习作合一，要注意时间、空间和条件，使之配合适当，要注意检讨和整理，要有发现和创造。（四）要与自己的、他人的一切不正确的思想意识作原则上的坚决斗争。（五）适当地发扬自己的长处，具体地纠正自己的短处。（六）永远不与群众隔离，向群众学习，并帮助他们。过集体生活，注意调研，遵守纪律。（七）健全身体，保持合理的规律生活，这是自我修养的物质基础。周恩来成为道德的楷模是与他的"活到老，学到老，改造到老"的精神分不开的。

人只有不断地修养，才能完成时代赋予的使命。我国古代的文化典籍《大学》中就记述了这样一段话："古之欲明明德于天下者，先治其国；欲治其国者，先齐其家；欲齐其家者，先修其身；欲修其身者，先正其心；欲正其心者，先诚其意；欲诚其意者，先致其知；致知在格物。格物而后知至，知至而后意诚，意诚而后心正，心正而后身修，身修而后家齐，家齐而后国治，国治而后天下平。自天子以至于庶人，一是皆以修身为本。其本乱末治者否矣。"这段话的意思是：古代想要使美德发扬于天下的人，首先要治理好自己的国家；想要治理好自己的国家，首先要整治好自己的家庭；想要整治好自己的家庭，首先要修养好自身；想要修养好自身，首先要端正自己的心态；想要端正自己的心态，首先要使自己的意念诚实；想要使自己的意念诚实，首先要丰富自己的知识；获得知识的方法就在于研究事物的道理。只有研究事物的道理，才能彻底地了解事物；彻底地了解了事物，才能意念诚实；意念诚实以后，才能端正心态；端正心态以后，才能修养自身；自身修养好了，才能整治好家庭；家庭整治好了，才能治理好国家；国家治理好后，才能使天下太平。从天子到老百姓，一切都应以修养自身作为根本。自身修养这一根本破坏了，却想要齐家、治国、平天下，是不可能的。这段话的中心思想无非一点："修身"是事业成功的基石。战国时期的思想家孟子也很明确地把进行思想道德修养同实现历史使命联系起来。他说："天将降大任于此人也，必先苦其心志，劳其筋骨，饿其体肤，空乏其身，行拂乱其所为，所以动心忍性，曾益其所不能。"只有自身品德高尚了，才能号召人，领导人，完成肩负的重任。

修养也是对自我不断塑造的过程。"玉不琢，不成器。"通过修养，培养高尚思想品德，逐步完善自己，才能成为社会发展所需要的人才。刘少奇在《论共产党员修养》中，对共产党员为什么要进行修养进行了深刻的分析。他说："共产党员要在同反革命进行各方面的斗争中来改造自己，这就是说，要在这种斗争中求得自己的进步，提高自己革命的品质和能力。由一个幼稚的革命者，变成一个成熟的、老练的、能够'运用自如'地掌握革命规律的革命家要经过一个很长的革命的锻炼和修养的过程，一个长期改造的过程。""只有这样，他才能够逐渐深刻地体验和认识社会发展和革命斗争的规律性，才能真正深刻地认识敌人和自己，才能发现自己原来不正确的思想、习惯、成见，加以改正，从而提高自己的觉悟，培养革命的品质，改善革命的方法等。"

当代青少年是跨世纪的一代，肩负着开创新的历史重任，必须吸收中华民族传统道德的精华加强思想品德修养，把自己培养成"四有"人才。

第一，青少年在实现现代化，振兴中华，建设有中国特色社会主义的伟大事业中肩负着特殊的使命。要实现这一使命，仅仅拥有丰富的科学技术知识还不行，还必须具有较高的思想道德水平。

第二，自觉学习中华民族传统美德，加强思想道德修养是青少年健康成长的需要。青少年时期正是世界观、人生观、道德观形成的重要时期。这一时期的特点有：①强烈的求知欲。青少年时期正是接受知识的大好时光，青少年积极地探寻着自然、人类社会的奥秘，开始用批判的眼光看待周围的事物，但往往容易出现片面、固执己见、脱离现实、怀疑一切等倾向。②情绪情感丰富。随着需求的日益增多，情绪日益丰富而强烈；随着教育的深化和环境的熏陶，集体主义情感、爱国主义情感、义务感、美感都有很大的发展；随着年龄的发展，虽然青年比少年更容易控制情绪，但遇事仍易激动，情绪尚不稳定，有时表现出为真理而奋斗的热情，有时又可能由狂热转为灰心。③自我意识增强。这一时期，由于生活空间的扩大，人的独立感增强，从而注意力逐步从外部世界向内心世界转移。如自尊心、好胜心明显增强，要求得到他人尊重和理解，期望自己成为生活的强者。但是，由于心理发展不成熟，往往容易过高估计自己，一旦遇到挫折，容易产生自卑感，不能准确把握自己。这些特点一方面决定了青少年是创造成绩的时期，另一方面也决定了青少年阅历不足，缺乏经验和知识，往往对人生和社会的一些重要问题总是迷惑不解。如果不重视学习马克思主义理论，不自觉加强思想品德修养，就没有可能认识到事情的真相，接受消极的影响，造成人生征途上的失误。

第三，自觉加强思想道德修养是加强社会主义精神文明建设的需要。改革开放和社会主义市场经济给社会主义事业注入了生机和活力，对精神文明建设起了巨大的促进作用但同时也带来了某些消极的东西，如拜金主义、利己主义、享乐主义等。青少年必须加强思想道德教育，增强自身的免疫力，为社会风气的根本好转做出贡献。"外因是条件，内因是根据"，青少年要加强自身修养，把树立远大的理想，把个人成才同国家前途、社会需要结合起来，形成爱党、爱国、关心集体、尊敬师长、勤奋好学、团结互助、遵纪守法的良好道德风尚。

青少年是社会主义事业的接班人，要想不辜负祖国和人民的期望，就要加强修养，成为德才兼备的人。

吾日三省吾身

中华民族是一个讲究人格修养的民族，长期以来强调内心修省，教人善对万事万物，深入思考，反观内心，领悟生活，培养道德。

孔子为修身养性论提出"内自省"、"内自讼"：

君子有九思：视思明，听思聪，色思温，貌思恭，言思忠，疑思问，贫思难，见得思义。已矣乎！吾未见能其过而内自讼也。见贤思齐焉，见不贤而内自省也。

即从各个方面思考自己的行为是否符合道德标准，如有过，必须"自讼"，多作自我批评，如反省下来自己的行为是贤的，就坚持下去。总之是要坚持好的，改正错的。

孔子的学生曾子更简捷明了提出：

吾日三省吾身：为人谋而不忠乎？与朋友交而信乎？传而不习乎？

我每天多次反省自己的行为：为别人考虑事情是否出于至诚？与朋友交往是否讲信用？学习了老师传授的知识，是否反复体会？由于曾子的这几句话说得非常切实、非常生活化，所以"吾日三省吾身"就成为传统道德修养的一种定式，并不断为后来的哲人们加以充实。

人们总是说，我是个什么样的人，我自己最明白。这句话，除说他自己对自己行为动机的了解外，当然也包含着一种自我评判。所以用这种自省的方式来自我完善者，大有人在。如美国著名的科学家富兰克林在他的自传中，曾认真地提到他在年轻时的一项自我修身计划，内容包括节制、静默、守秩序、果断、俭约、勤勉、真诚、公平、稳健、整洁宁静、坚贞、谦逊。为了切实收到效果，他把这十三项标准记在小本上，划出空格，每晚逐一对照，白天有哪一种行为违反了其中的标准，作为一种过失，他就在相应的空格里记上一个黑点，在以后的日子里着意改正。富兰克林认为，他在年轻时的刻苦自律，对他以后的人生道路有着重大的影响。又如前苏联著名的教育家乌申斯基也曾在年轻时制定过一个规则，内容是：（1）绝对的平静，至少，表面上绝对的平静；（2）在言行方面老老实实；（3）行动时要深思熟虑；（4）果断；（5）不讲一句不必要的话；（6）不无意识地浪费时间，只做那些应该做的事；（7）只把金钱花在必要的地方，而不花费在不必要的欲望方面；（8）每天晚上诚实地检查自己的行为；（9）从不夸张过去、现在和将来所要做的事情。乌申斯基能够成为一个有着比较完善人格（冷静、自持、坚毅、诚实）的教育家，恐怕与他这样从小注意自我修养是分不开的。富兰克林和乌申斯基的自省计划，与曾子的"吾日三省吾身"有着异曲同工之妙。

当然，修养在人的一生中是以一贯之的，并不只是青少年的必修课程。孔子总结自己一生的修养过程就说："吾十有吾而志于学，三十而立，四十而不惑，五十而知天命，六十而耳顺，七十而从心所欲不逾矩。"再如中国德高望重的教育家吴玉章先生，在他八十一岁高龄的时候，还手书一幅座右铭："我志大才疏心雄手拙，好学问而学问无专长，喜语文而语文不成熟，无枚臬之敏捷，有司马之淹迟，是皆虚心不足，钻研不深之过。年已八一，寡过未能，东隅已失，桑榆未晚，必须痛改前非，力图挽救，戒骄戒躁，毋怠毋荒。"吴玉章先生都是一生重自我修养而卓有成效的典范。值得广大青少年学习。

正直是修身之本

修身的内容很多，道德的完善也永无止境的，但有一点做到了，也就达到了较高的境界，那就是正直。

什么是正直呢？"正"即公正，处理问题合理，对人、对事一视同仁，原则性强。"直"即刚直，威武不屈，在任何情况下都敢讲真话、讲实话，敢于主持公道、伸张正义。

正直就是刚正、公正、坦率、不偏不斜的道德品质。它表现为襟怀坦白、公正无私、原则性强、守信用以及敢于向自己和别人的错误作斗争等。正直的人不趋炎附势，不溜须拍马，不阿谀奉承，不以强凌弱，不坑害他人，不欺上瞒下，不做亏心事，不做昧心人。正直是为人处世的重要准则和应有的品格。

在我国历史上有许多正直的人物值得称道。

包公一生光明磊落，刚正不阿，塑造了执法如山、铁面无私的"青天"形象。

海瑞为臣素以廉洁奉公、刚毅不阿闻名。

祁黄羊不避仇亲，唯才是举，大公无私，为历代所传颂。

做一个正直的人很难。你要有勇气，敢于同不良倾向进行斗争。而且，人难免犯错误，这就要求我们勇于承认错误，接受别人的批评指正，才能使自己进步。

一个正直的人，是一个敢于讲真话、绝不阿谀奉承的人。

《孟子·尽心下》记载了这样一个故事：有一天，万章问孟子："有这么一个人，全乡都说他是老好人，无论到什么地方都被认为是老好人，孔子却认为这种人伤害道德，这是为什么呢？"孟子回答说："这种人要指责他却举不出什么毛病，要责骂他却没有什么可以责骂；这种人与不好的民俗同流合污，躲在那儿好像忠诚守信，做起事来好像很廉洁，众人都喜欢他，他自己也认为自己正确。但是，这种人是不能跟他共行尧、舜之道的。所以说，这种人伤害道德。"

评价一个人的标准，要看他在政治、思想、知识、能力等方面的综合表现。单就是否正直来说，要看他"敢不敢得罪人"。我们说，敢于得罪人的人未必都是好人，但不敢得罪人的人肯定不是一个堂堂正正的人。做老好人是不行的，那是一种对坏人、坏事的纵容，是姑息养奸的行为。

勿以恶小而为之　勿以善小而不为

　　刘备临终前对儿子说过一句话，就是"勿以恶小而为之，勿以善小而不为。"意思是：坏事虽然小，但不要去做；好事，不能以为小就不去做。刘备为什么特意叮嘱儿子这句话呢？因他明白这样的道理："小善"和"小恶"常常因其小而被人们忽视，因"善小"而不为，"恶小"而为之。"大恶"、"大善"常常是由"小恶"、"小善"发展而来的，是"小恶"，"小善"与时间的乘积。

　　"积善可以成德"，自然积恶可以成灾了。"千里之堤，溃于蚁穴；九层之台，起于垒土。"巨大的岩石也是由细小的砂粒组成。对于不道德的事，哪怕很细小，也不要去做。元朝时有个叫许衡的人就很注意细小的德行。据说有一次许衡远行，走在半路时口渴得厉害，恰好道旁有片梨树林，梨已经成熟，黄灿灿，水灵灵，很是诱人。仆人说："相公，园子没有人看管，我去给你摘几个梨解渴吧。"许衡连忙制止说："怎么趁主人不在的时候，随便拿人家的东西呢？虽然吃一个梨的事小，但这种不义的行为决不能去做。还是等主人来了再说吧。"最后，他们等主人来了，才吃上梨解渴。坏思想，坏行为有顽固性，一旦沾上了就不容易改掉，这就是人们通常说的"学坏容易，学好难。"因此，我们一定要始终与"恶"保持距离，绝不向它迈出一步。

"一屋不扫，何以扫天下？"对于小善我们应当争先去做，不因其小、不因其平凡而放弃。优秀道德品质和思想作风的形成正是从一件又一件小善上培养起来的。从助人为乐到见义勇为，以至于舍己救人、为国捐躯，是许多英雄人物走过的道路。不能没想，一个平时从不关心别人、不忠于职守的人，在危急的时刻会为国家、为集体献出自己的一切；很难设想，一个从不注意小善的人能有什么可贵的美德。雷锋之所以伟大，并不在于他最后的献身，而在于他无论是做农民、工人和士兵，都处处为国家为他人着想。在农业战线，他是治水模范，是优秀拖拉机手。在工业战线，他连续 3 年被评为先进工作者、5 次被评为红旗手、18 次被评为标兵，是鞍山市建设积极分子。在部队里，他多次立功，被评为五好战士、节约标兵，荣获模范共青团员的称号等。雷锋这个普通战士正因为从一点一滴严格要求自己，才被人们誉为"永生的战士"，成为全国人民学习的榜样。

古希腊大哲学家苏格拉底要求自己不做一件亏心事，不让一点污垢沾身。他不幸遭到陷害，被判死刑，临刑前他留下这样一段对白："你还有什么话要交代?"狱卒问。"噢，我想起来了，我还欠了邻居一只鸡，当时家里穷困没有付钱给他们。"苏格拉底回答说。"就这件事吗?"狱卒又问。"是的，我请求你叫我家里人一定要偿还。"苏格拉底留下了这珍贵的遗言。一只鸡绝非大事，但可以看出苏格拉底高尚的人格。他活着时不让污垢沾身，死后也不让一点点遗憾留在人间，真可谓白璧无瑕! 他的伟大见于微小之中。

泰山伟大壮观、气势磅礴，但组成巍巍泰山的是无数上的砂石、泥土。高尚的道德素质需要从"小善上逐步积累。"莫仰望参天大树，而不愿做一株小草；莫憧憬伟大，而漠视平凡。"要明白，没有平凡的堆积，就不会有伟大的创举"。如果忽视了日常工作、学习和生活中的一些小事，不想从一点一滴做起，又想成为一个有道德、有才能的人，就好像缘木求鱼，是不可能办到的。

"慎独"境界高

大多数人在公共场合、在无人监督的情况下往往能遵守规则，严格要求自己，而在无人在场的时候就不这样了，这仍然不能说是具有了较高的道德修养。君子应该在独处的时候同样严格要求自己，即所谓的"独立不惭于影，独寝不惭于魂"，这就是古人所讲的"慎独"。

对于慎独，刘少奇在《论共产党员的修养》中作了通俗的解释：一个人在独立工作、无人监督、有做各种坏事的可能的时候，不做坏事，这叫慎独。古希腊的哲学家德谟克利特说："要留心，即使当你独自一人时，也不要说坏话或做坏事，而要学得在你自己面前比在别人面前更知耻。"

"慎独"是自觉意志的表现，它的基本要求是在强烈的道德信念的支配下的自觉自愿行动。能够做到"慎独"的人，他所选择和坚持的道德行为不是为了装饰门面，不是为了取得他人的好感，而是认为作为一个有道德的人必须这样做。达到"慎独"境界，形成良好习惯的人，就能够在现实生活中，时时处处"随心所欲不逾矩"。

很明显，"慎独"就是以自己的道德意识为约束力，有人在场遵守道德，无人在场同样遵守道德，绝不因没人看见、没人听见干坏事就心里坦然。一个人能达到慎独的水平，就表明他达到了较高的道德水平。因为内心深处的念头，最隐蔽的不为人知的行为、最细微的举动，最能反映出一个人的灵魂、品质。青少年要加强慎独修养，使自己的道德品质纯洁高尚。

关于慎独,我国历史上有不少美谈。东汉年间,荆州地方官杨震发现王密才华出众,便向朝廷推荐他为昌邑县令。数年之后,杨震路过昌邑,为了感谢他,王密私自在夜里"怀金十斤"去送给杨震。杨震说,你难道还不了解我吗?王密说,我知您廉,但这你一定要收下,已经是晚上了,没有人看见的。杨震答曰:天知、地知、你知、我知,怎么说没人知道?王密大惭,只得退出。杨震平素不置产业!时人称杨震为"关西孔子"。杨震的"天知地知"论,颇与木匠磨箱的精神相近。从前的木匠,在给人做好木箱后,总是要把木箱里外磨光才交出的。据说有一位年轻徒弟,见他的师傅每次在做好木箱之后,总用长满老茧的手掌把木箱的里壁也摩挲一遍使之光滑无糙,甚至角角落落也必无遗漏。于是忍不住说:师傅,您这是何苦,做得这么费心,别人又看不到!老木匠说:是啊,别人是看不到,可是,我的心里是知道的呵!老木匠的话是一个真

君子的自白，也是"慎独"精神的闪现。同杨震一样，老

木匠的话表达了一种诚实正直的人生观，一种纯朴无华又

代表了人生最高境界的修养。

己所不欲　勿施于人

"己所不欲，勿施于人。"其核心内容就在于能从爱心

出发，以己度人，推己及人，提倡人与人之间的互相宽容、

互相帮助，互相关爱，互相尊重。虹有七彩，人有七情，

所以这个世界才缤纷美丽。很难想象人皆具虎狼之心而无

仁厚忠恕之情，那么人世间还有什么美好、高贵可言？

战国时，梁国与楚国相界，两国在边境上各设界亭，

亭卒们也都在各自的地界里种了西瓜。梁亭的亭卒勤劳，

锄草浇水，瓜秧长势极好，而楚亭的亭卒懒惰，不事瓜秧，

瓜苗又瘦又弱，与对面瓜田的长势简直不能相比。楚亭的

人觉得失去了面子，有一天乘夜无月色，偷跑过去把梁亭

的瓜秧全给扯断了。梁亭的人第二天发现后气愤难平，报

告给边县的县令宋就，说我们也过去把他们的瓜秧拉断好了！宋就听了以后，对梁亭的人说："楚亭的人这样做当然是很卑鄙的。可是，我们明明不愿他们扯断我们的瓜秧，那么为什么再反过去扯断人家的瓜秧？别人不对，我们再跟着学，那就太狭隘了。你们听我的话，从今天起，每天晚上去给他们的瓜秧浇水，让他们的瓜秧长得好，而且，你们这样做，一定不可以让他们知道。"梁亭的人听了宋就的话觉得有道理，于是就照办了。楚亭的人发现自己的瓜秧长势一天好似一天，仔细观察，发现每天早上地都被人浇过了，而且是梁亭的人在黑夜里悄悄为他们浇的。楚国的边县县令听到亭卒们的报告后，感到十分的惭愧又十分的敬佩，于是把这件事报告了楚王。楚王听说后，也感于梁国人修睦边邻的诚心，特备重礼送梁王，既以示自责，亦以示酬谢，结果，这一对敌国结成了友好邻邦。

以仁恕之道的推己及人的方式方法处理问题，可以造成一种重大局、尚信义、不计前嫌、不报私仇的氛围，以及双方宽广而又仁爱的胸怀。降至日常生活的处理，又何尝不是这样？尤其是对初涉世事的青少年来说，总想找出人事上的参照物来规范自己，约束自己。这种反应当然是正常的，但殊不知有时以此处世，反而会导致初衷与结果的南辕北辙。因为在各人的眼中，自己的位置是各不相同的，并没有统一的标准可以提供给你。所以，不妨就按照"己所不欲，勿施于人"的原则，反求诸己，推己及人，则往往有皆大欢喜的结果。反求诸己，易人情，由情入理，自然会生羞恶之心而知义，辞让之心而知礼，是非之心而知耻。自私自利的人，往往不懂得推己及人的道理。

明辨是非　坚持正义

引　言

明辨是非、坚持真理是做人处事的基本准则，是中华民族的优良传统，自古以来，被人们视为美德。

明辨是非、坚持真理也是人格、道德自我修养和完善的标准。我国古代哲人特别强调人格、崇高气节，重视情操，各种行为都要符合道德规范。儒学家高度重视道德人格价值，孔子说："志士仁人，无求生以害人，有杀身以成仁。"表现了对道德和人格完美的高度重视。他们高度赞扬人格精神美，强调人应具有独立的人格，遵守一定的道德准则，不屈服外在的压力，不受外部环境的影响。这些主张对于铸造中华民族的品格达到完善的最高境界，产生了重大而深远的作用，培养了中华民族的自尊自强、刚正不阿的优秀道德，形成了中华民族明辨是非、坚持正义、坚持真理的高尚情操和凛然正气。因此，古人讲思想、人格、道德修养大都在明辨是非、坚持真理方面下功夫。不管在任何复杂的情况下，无论条件如何艰苦、环境如何恶劣，都能保持清醒的头脑，真正做到明辨是非，坚持真理。

那么，在今天明辨是非、坚持真理究竟包含哪些内容？它是指：观点正确，旗帜鲜明，坚持原则，实事求是，表里如一，言行一致；重视调研，去伪存真，支持正确，反对错误，不虚假，不护短，是非分明；光明磊落，诚实守信，说老实话，办老实事，做老实人。

要做到"明辨是非，坚持真理"，我们首先要加强思想修养。从小树立崇实、务实、实事求是的思想和明确的是非观；自觉抵制"老实吃亏"、"不说假话办不了大事"等错误思想的侵蚀；养成"说老实话、办老实事、做老实人"的好作风。

我们要坚信共产主义必然实现的真理，像革命前辈那样对党、对人民、对事业无限忠诚。

自觉坚持真理，修正错误，不掩盖过失，敢于向师长讲自己的缺点、毛病；不说谎，说心里话。做错了事敢于承认，并认真改正。

与人处事表里如一，言行一致，办事讲信用。做到有人管、无人管一个样，时时处处严格要求自己。

切实做到不欺人，不自欺。不因利害关系、个人好恶说违心话，做违心事。不奉承、逢迎他人，不中伤、抵毁他人。能诚恳地指出同学的缺点。

在大是大非面前，能做到坚持原则，坚持正义，态度明朗，旗帜鲜明，支持对的，反对错的。

还原真相　何惧强权

东晋时，朝中大臣王敦在将军府里设宴招待宾客，他的部下何充也在座，同官员们谈古论今，欢快异常。

当时，王敦的哥哥王含出任卢江郡的刺史，凶顽残暴，贪污受贿，声名狼藉，别人都讨厌他。王敦在大庭广众中却屡屡空扬他哥哥的好处，说："我哥哥清廉正直。"

"是，是！"客人们连连附和着。

谁敢不附和呢？因为王氏为东晋朝廷的大族。王敦在镇压杜韬起义后，被皇帝封为镇东大将军，江州刺史。他的堂弟又是当朝宰相，声势赫赫。王敦见别人附和，更来劲了，说："家兄在郡，名望很高，治理很好，卢江人士都称赞他哩！"

何充见王敦不顾事实，颠倒黑白，越听越气，严肃地大声说："我何充就是卢江人，我从乡亲们那里听到的情况，同你说的恰恰相反。"

王敦的脸色刷地变了，一句话也说不出来。客人们看到这个场面，都替何充捏一把汗，心里叫苦："何充，你都不要命啦？"

何充讲了实话，坦然坐着，神色自若。他想："我尊重事实，怕什么强权哩！"

辨是非　康熙明断新历法

　　1667 年腊月的一天，清朝王宫里气氛异常紧张，大学士图海和辅政大臣鳌拜正在 14 岁的康熙皇帝面前激烈争吵着。

　　争吵的焦点是在历法问题上。原来，康熙的父亲顺治皇帝在世的时候，十分赏识一个名叫汤若望的德国传教士，并把他安排在负责观测天文的钦天监里担任要职。汤若望依靠顺治的支持，运用了当时西方比较先进的科学知识，改革了中国传统的历法，编制了一部新历法。这样，他的地位和影响便遭到了一些官员的妒忌。顺治一死，他们乘机联名上书，攻击汤若望，诋毁新历法。那时候，刚刚即位的康熙只有 8 岁，大权落在鳌拜手中。由于鳌拜以前同顺治有矛盾，便不问青红皂白，立即罢免了汤若望，废除了新历法。然而，根据旧历法测得的天文数据往往不准，于是，敢于直言的图海便挺身而出，要求恢复新历法。

鳌拜、图海各执己见，到底谁是谁非呢？康熙一时很难决断。散朝后，他暗想，如果自己懂得天文历算，就不会听风是雨，任凭摆布了。于是，他毅然放下帝王架子。请来几位精通天文历算的老师，按时给自己上课。有时候，他还换上便服，带着几名随从，来到城东的天文、观象台，一边观测一边记录。有一次，康熙发现自己与钦天监算的夏至时间相差九分，起先他以为自己算错了，于是便让钦天监的官员再重新观测推算。当他得知钦天监两次推算结论不一时，气愤地说："今日一错，明日一错，长此以往，岂不酿成大祸！"

康熙经过艰苦学习，反复实践，终于确认新历法是切实可行的。他16岁时，机智果断地处掉了专权误国的鳌拜，改组了钦天监。从此，新历法又重见天日。

砍头不要紧　只要主义真

夏明翰，湖南衡阳人。1928年1月任中共湖北省委委员。1928年2月，由于叛徒告密，在武汉不幸被捕。国民党反动派把夏明翰关进监狱，戴上几十斤重的刑具，用尽种种刑罚摧残他，但他毫不屈服。反动派决定进行最后一次审讯，妄想使夏明翰有所"悔悟"。主审的是个国民党高级军官，他一脸杀气，恶狠狠地问："你姓什么？"

"姓冬。"

"胡说，你明明姓夏，为什么乱讲？"

"我是按照你们国民党反动派的逻辑来讲话的，你们都是这样，把黑说成白，把天说成地，把杀人说成慈悲，把卖国说成爱国，我姓'夏'就当然应该说成'冬'！"

主审官一开始就碰了一颗软钉子，悻悻地继续问："多少岁？"

"我是共产党，共产党万万岁！"

"籍贯？"

"革命者四海为家，我们的籍贯是全世界。"夏明翰越说越激昂，"我们相信总有一天，全世界的无产者将在共产党的领导下站起来，推翻你们的罪恶统治，捣毁你们的天堂！"

"这成什么话？"敌人慌了，故作威严地问："夏明翰，你有没有宗教信仰？"

夏明翰不慌不忙地回答："我们共产党人不信神鬼。"

"那，你没有信仰喽？"

夏明翰理直气壮地回答说："怎么没有信仰，我信仰马克思主义！"

主审官气急败坏地吼道："你究竟知不知道你们的人？"

"知道。"夏明翰沉着地回答。

"在哪里？"

"都在我心里。"

对于这样一位共产党人，敌人用尽心机，但没有丝毫效果，反动派使出了最后一招，宣布将他"就地处决"。

"给我一张纸，一支笔。"

夏明翰接过纸笔昂然一笑，然后用戴着手铐的手握住笔，飞快地写下了一首正气凛然的就义诗：

砍头不要紧，只要主义真。

杀了夏明翰，自有后来人。

一位不朽的战士英勇就义了。然而他的就义诗连同他英雄的名字，却永远铭刻在亿万中国人民的心中！

知错能改　善莫大焉

世上没有不犯错误的人，怕的不在于犯错误，而在于知道自己错了却不改正。孔子将此表述为"过而不改，是谓过矣"。有了过错不改正，有两情形：一是限于主客观的原因，没有意识到错误；二是明明知道自己错了，却固执己见，不肯承认，不愿改正。孔子说这样才叫真正的过错。孔子还就子产不毁乡校（乡人聚会议事的地方）的言论，判断子产是明贤的人。

事实上，子产的确是春秋时有远见卓识的政治家。当时郑国大夫然明对子产说："毁掉乡校怎么样？"子产说：

"为什么呢？人们做完事于早晨或傍晚汇聚在这里，议论执政人的政策得失。他们认为是好的举措，我就实行；他们认为是错误的地方，我就改正。他们的议论是我的老师呀，怎么能毁掉议政的地方呢？我听说忠善可以减少人们的埋怨，没听说施威力能堵住不满。就像防止洪水泛滥一样，大决堤造成的危害，伤人很多，我不能挽救了。因此不如开个小口子使水道畅通，不如我把郑国人的议论当作苦口良药。"子产一席话表明了自己愿意听取意见，并勇于改正的胆识，使然明自愧不如。

孟子也认为知错能改的人，一定有很好的道德修养。他列举子路、大禹，一个被告诉了自己的过错，他就高兴；一个听到了很好的建议，就拜谢对方。对于犯错误的人，孟子主张既往不咎，只要迷途知返就行了。他比喻说，像西施那样的美女，假如她满面脏污，人们也会掩鼻而过。虽然有人作过坏事，但只要洗面革心改恶从善仍然会受到尊重，正如斋戒沐浴后可以去参加祭祀上帝的圣洁典礼一样。

知错能改要真正做到，不仅需要辨别是非的能力，还需要具备博大的胸襟。尤其在封建专制的我国古代社会，皇帝金口玉牙，要让其改变自己的错误决非易事。一些开明君主知错就改的做法，就显得弥足珍贵而为人称道了。

十六国时的汉国君主刘聪，准备给刘后新建一座宫殿。廷尉陈元达上谏不赞成，刘聪听后大为恼怒，下令斩他。刘后听到后立即写奏章陈述"宫室已备，宜爱民力"的道理，并说像陈元达这样的谏臣非但不该杀，还应封赏。刘聪读后认为说得合情合理，怒气就消了，还向陈元达致谢，又把园堂更名为"纳贤园"、"愧贤堂"。后世的唐太宗读到刘聪的这件事后，把正准备修造的重阁殿堂停建了。

闻过则喜，有则改之，无则加勉，早已成为我国人民尊崇的优良品德。